Vom Kind gelernt

Duden • DIE ZEIT

Vom Kind gelernt

Überraschende Erkenntnisse aus dem Familienalltag
von Autorinnen und Autoren der ZEIT

Dudenverlag
Berlin

Inhaltsverzeichnis

Inhaltsverzeichnis

Inhaltsverzeichnis

Vorwort

Ich kann jetzt rückwärts sprechen. Nicht ganz fließend, aber zumindest so, dass ich mein Lieblingskind damit unterhalten kann, während wir uns im Videochat über seine Matheblätter beugen. Er hat das aus einem seiner Bücher - und ich finde es selbst viel lustiger, »Tztej Ebagfua fnüf!« zu rufen, als ihn zu bitten, jetzt auch noch bei Aufgabe fünf durchzuhalten.

Das ist Standard: dass wir Erwachsenen Kindern etwas beibringen. Subtrahieren. Schnürsenkel binden. Die Unterscheidung zwischen Gut und Böse. Wir haben uns in unserem etwas längeren Leben eine große Menge an Wissen, Fertigkeiten und Meinungen angeeignet und freuen uns über ein jüngeres Gegenüber, dem wir all das angedeihen lassen können.

Spannend wird es, wenn dieses Gegenüber sagt: »Meinst du wirklich? Ich finde, man sollte es genau andersherum machen!« Oder nach einem Sachgebiet fragt, in dem man sich bislang saturierte Ignoranz gegönnt hat.

 Kinder wagen sich unerschrocken dorthin, wo man sich als Erwachsener längst damit abgefunden hat, dass es zu hoch, zu weit, zu anstrengend ist - oder nicht dem eigenen Talent entspricht.

Damit bringen sie uns dazu, unser Verhalten zu überdenken. Besonders gut gelingt ihnen das gerade beim Klimaschutz, mit dem wir uns womöglich nicht in dieser Dringlichkeit beschäftigen würden, hätte sich nicht ein damals 15-jähriges Mädchen mit seinem Protestplakat vor das schwedische Parlament gesetzt. Auf der ganzen Welt machen Kinder inzwischen Stunk, wenn ihre Eltern Plastikflaschen kaufen oder totes Tier auf den Teller bringen. Aber ihre Erziehung beschränkt sich nicht auf den Umgang mit unserer Umwelt.

 Sie zwingen uns, unseren Horizont zu erweitern. Sie fordern uns heraus, über Dinge zu sprechen, über die wir lieber schweigen. Sie bremsen uns in unserer Hetze. Sie zeigen uns, wie es sanfter geht. Sie lenken unseren Blick auf das, was Spaß und gute Laune macht.

All diese Dinge aufzuschreiben - darum habe ich meine Kolleginnen und Kollegen gebeten, Mütter und Väter aus den verschiedenen Ressorts und Magazinen der ZEIT und von ZEIT ONLINE. Die Vielfalt der Beiträge hat mich selbst überrascht. Eine Reihe der Texte haben wir in der FAMILIEN-ZEIT, dem Elternbeileger unseres Kindermagazins ZEIT LEO, abgedruckt. Angereichert durch weitere Perspektiven bilden sie in diesem Buch eine unterhaltsame und anregende Sammlung von Begegnungen mit dem kindlichen Gegenüber, liebevoll illustriert von Laura Junger.

Mein Lieblingskind will jetzt übrigens auch rückwärts rechnen. Meine Gehirnwindungen stöhnen schon auf. Noch kann ich froh darüber sein, dass sein Zahlenraum nur bis 20 geht. ●

Wie Eltern ihre Begeisterung für die Welt entdecken

Workouts

Wenn ich meine Töchter frage, was ich von ihnen lernen könnte und was sie umgekehrt von mir lernen könnten, fällt ihnen zu der ersten Frage viel ein und zur zweiten Frage wenig. Was sie alles können: Malen, basteln, singen, kochen, backen, turnen. Und was kann ich? Mit gekrümmtem Rücken vor dem Computer sitzen und auf die Tasten einhacken. Und wer will das schon können?

Von ihrer Warte aus ist mein Zusammenleben mit ihnen eine einzige Aneinanderreihung von Fortbildungsgelegenheiten. Ich habe vier Töchter im Alter von 6, 13, 15 und 20 Jahren. Besonders die beiden mittleren lernen jede Woche etwas Neues und – es wird ihnen stets von Youtube oder Tiktok vermittelt. Zurzeit sind es Fitness-Workouts per Video.

Neulich haben sie gesehen, wie ich Sit-ups versuchte. Und meine zweitjüngste Tochter kommentierte: »Papa, du zitterst ja!« Ich hatte höchstens ein ganz klein wenig gezittert, aber meine Tochter hatte sofort die Diagnose parat: »Du musst dringend etwas für deine Unterbauchmuskulatur tun.« Kurze Zeit später fand ich mich mit den beiden Töchtern auf einer Gymnastikmatte wieder. Wir blickten auf einen Laptop, auf dessen Display uns eine sehr drahtige junge Frau Bauch-Beine-Po-Übungen zu Technomusik zeigte. Bei ihr sah das sehr, sehr einfach aus.

Ich lernte, dass Übungen für den Unterbauch, etwa darin bestehen, auf dem Rücken zu liegen und die Beine dicht über dem Boden schweben zu lassen und anschließend hoch und runter zu bewegen – sehr lange Zeit. Ich stellte auch fest, dass meine Töchter das viel müheloser konnten als ich. Aber wann hat ein Vater auch normalerweise schon Gelegenheit, auf dem Rücken zu liegen und die Beine dicht über dem Boden schweben zu lassen?

Ich machte mir Gedanken, ob der Anblick eines schwitzenden und ächzenden Erziehungsberechtigen meinem Ansehen bei den Kindern schaden könnte. Allerdings war das Gegenteil der Fall. Die Kinder lobten, das sei doch fürs erste Mal nicht schlecht gewesen. Seitdem teilen wir uns regelmäßig eine Matte, damit ich weiter an meinem Unterbauch arbeiten kann. Beine und Po sind derweil okay bei mir, glaube ich. ●

Tillmann Prüfer ist Style Director, Mitglied der Chefredaktion und Kolumnist von »Prüfers Töchter« beim ZEITmagazin.

Zelten

Max Rauner

Zelten

Es gibt Camping-Typen und Nichtcamping-Typen, und lange Zeit dachte ich, das hätte etwas mit den Genen zu tun. Ich bin ein Nichtcamping-Typ. Ich habe keine Freude am Zelten. Wenn ich auf einer Isomatte schlafe, tut mir morgens der Rücken weh. Für das Balancieren von Kochtöpfen auf einem Gaskocher fehlt mir das Körpergefühl. Mücken im Zelt machen mir Angst, Zeltplatztoiletten auch. Diese Camping-Aversion vererbt sich auf die Kinder, hoffte ich, und in unserem ersten Kanuurlaub ging tatsächlich noch alles gut.

Ich hatte mühevoll die wenigen Pensionen und Hotels abtelefoniert, die entlang unserer viertägigen Route auf der Mecklenburger Seenplatte zu finden waren. Eine logistische Meisterleistung, denn es gibt dort viel mehr Zeltplätze als Hotelbetten. Ist doch super, erklärte ich den Kindern am ersten Tag, all diesen Ballast, den die anderen Boote mitschleppen, den brauchen wir nicht. Rein ins Hotel, duschen, essen, schlafen, zurück aufs Boot, weiterpaddeln. Aber am Ufer entdeckten meine Kinder andere Kinder, die auf Zeltplätzen rumtobten, von Lianen ins Wasser sprangen, Lagerfeuer machten. Sie fanden das besser, als mit mir in einer Pension zu sitzen. Wenn es ein Nichtcamping-Gen gibt, dann war es bei ihnen defekt.

Nach diesem Sommer kauften wir ein Zelt. Der nächste Kanuurlaub führte uns nach Frankreich, an die Dordogne. Da gibt es viele Restaurants mit Mittagstisch, so mein Kalkül, wir könnten dann wenigstens auf das ganze Kochgeschirr verzichten. Leider hatten die Restaurants oft schon geschlossen, wenn wir gegen 14 Uhr Hunger bekamen. Und abends sahen die Kinder, wie die Kinder am Nachbarzelt Gaskocher-Spaghetti schlemmten, während wir am Baguette knabberten. Für den nächsten Sommer kauften wir einen Gaskocher.

Max Rauner

Als ich am Abend vor der Abreise das Gepäck sah, musste ich an die Südpolexpedition von Roald Amundsen denken. Hoffentlich passt das in den Zug, dachte ich! Wir fuhren an die Loire, und was soll ich sagen, eigentlich war es ganz nett. Die Campingplätze hatten wir diesmal nicht vorgebucht, sondern entschieden spontan, wo wir übernachten. Einmal zelteten wir auf einer Insel im Fluss. Mondschein, Lagerfeuer! Nach zehn Tagen sagten die Kinder: Wir möchten endlich mal wieder in einem richtigen Bett schlafen.

Sie sind jetzt im Swimmingpool-Alter. Aber wenn sie ausgezogen sind, hole ich das Zelt wieder vom Dachboden. ●

Harry Potter lesen

Quatsch! Ich hielt das alles für Quatsch, bestenfalls für eine klug insze-
nierte Marketingshow, gipfelnd in idiotischen nächtlichen Warte-Ritualen
vor Buchläden: all die übermüdeten Kinder und ihre Eltern mit albernen
Zauberhüten auf dem Kopf, die Schlange standen, wenn wieder ein neuer
Band erschien! Als meine Kinder begannen, die Geschichten von Harry
Potter zu lesen, taten meine Frau und ich, was Eltern in einer solchen
Situation oft tun: Wir handelten nach dem Motto »Zersetzung durch Zu-
spruch«. Wir kauften die sieben Bände, ließen unseren Sohn und unsere
Tochter bis spät in die Nacht Potter-DVDs schauen und erfüllten bereit-
willig die Geburtstagswünsche nach den Hörbüchern. Mit dem Ende der
Reihe, dachten wir, würde sich der Spuk dann schon von selbst erledigen.

Stattdessen jedoch erzählte meine Tochter irgendwann, sie lese den
ersten Band nun zum dritten Mal. Ich habe in meinem Leben noch kein
Buch dreimal gelesen! Als ich sie fragte, ob sie nicht lieber neue Bücher

für sich entdecken wolle, entgegnete sie: Jedes Mal, wenn sie die Harry-Potter-Bände wieder lese, erschlössen sich ihr neue Dimensionen der Geschichte, dies sei Entdeckung genug. Und dann bekam ich den Rat: Lies einfach!

Ich las. Band um Band erlas ich mir die wundersame Welt der Zauberschule Hogwarts und ihres weisen Schulleiters Dumbledore, lernte die Regeln von Quidditch, dem Spiel des (Über-)Lebens, verliebte mich (leicht) in Hermine und (schwer) in Dobby, den verwirrten Hauself, fieberte jedem Auftritt der Maulenden Myrte entgegen, und am Ende des Trimagischen Turniers habe ich sogar ein bisschen geweint. Nach sieben Bänden und über 4000 eng bedruckten Seiten habe ich gelernt: Joanne K. Rowlings Geschichte des Waisenjungen Harry Potter und seines Kampfes gegen das Böse in Gestalt von Lord Voldemort ist eine der großen Fabeln der Weltliteratur. Potter und seine Begleiter sind Zauberer des Lebens, Magier der Moral im Zirkus von Leid und Leidenschaft. Und die Cliffhanger zwischen den Bänden sind dabei unverzichtbare Atempausen in einer atemberaubenden Choreografie.

Kein Wunder, dass die Romane Kinder wie Erwachsene süchtig und nachts albern werden lassen. ●

Hunde mögen

Luisa Jacobs

Hunde mögen

Es gab eine Phase, in der meine Tochter jeden Morgen aus dem Schlaf geschreckt ist und »Wau Wau« gerufen hat. Sie war da so 15 Monate alt, und Hunde, so schien es, verfolgten sie bis in ihre Träume. Immer noch suchen wir jeden Morgen nach dem Aufstehen im Wohnzimmer ihren Plüschhund, der ein bisschen Plastik im Ohr hat, Rollen als Pfoten und eine Schnur um den Hals. Meine Tochter drückt ihn kurz an sich, zieht ihn zu ihrem Hochstuhl und achtet darauf, dass er während des Frühstücks nicht von ihrer Seite weicht.

Draußen bleiben wir vor jeder Dogge, jedem Chow-Chow und jedem Labrador andächtig stehen. Ich weiß, dass meine Tochter nicht die einzige ist, die ihren Zeigefinger nach Terriern wie nach Kampfhunden ausstreckt. Viele Kleinkinder teilen ihre Begeisterung. Insofern ist das alles nichts Besonderes.

Für mich jedoch schon. Ich habe nämlich Angst vor Hunden. Nicht diese konkrete Angst vor einem Biss, einfach ein starkes Unwohlsein vor der Unberechenbarkeit der Tiere. Wenn Hunde bellen, erschrecke ich

mich. Wenn sie auf mich zu laufen, gehe ich ein paar Schritte rückwärts. Wenn sie meine Hand abschlecken wollen, ziehe ich diese zurück.

Bis zur Geburt meiner Tochter habe ich erfolgreich einen großen Bogen um Hunde gemacht. Jetzt aber zerrt sie mich regelmäßig mit aller Kraft einer Anderhalbjährigen näher an die Tiere heran. Und weil ich gegen ihren Willen nicht ankomme, lasse ich mich mitreißen und stehe dann mit Sicherheitsabstand vor mächtigen Doggen oder knie vor winzigen Dackeln.

So komme ich mit Hundebesitzern ins Gespräch, die mir bislang mindestens genau suspekt waren wie ihre Tiere, weil ich ihnen unterstellte, unnötig viel Platz und Aufmerksamkeit für sich und ihre vierbeinigen Begleiter einzufordern. Seit ich mit Kind und Kinderwagen unterwegs bin und auch etwas mehr Platz und Aufmerksamkeit in Anspruch nehme als andere, fühle ich mich den Hundebesitzern verbunden. Sie sind wie alle anderen Menschen auch, merke ich: manche unfassbar nett, aufmerksam, kinderlieb, andere wortkarg und mürrisch.

Meine Tochter steht ihnen und vor allem ihren Hunden weiter in stiller Bewunderung gegenüber. Hört sie ein Bellen aus der Ferne, antwortet sie heftig nickend mit einem sehr bestimmten »Wau wau«. Diese Freude in ihrem Gesicht zu sehen, macht mich so glücklich, dass ich angefangen habe, sie auf Hunde hinzuweisen, die sie noch nicht bemerkt hat. Ist sie schlecht drauf oder müde, suche ich sogar die ganze Umgebung nach Hunden ab.

Dass diese Hundephase nachhaltig etwas an mir und meiner Angst verändert hat, ist mir neulich auf einem einsamen Spaziergang durch die Wälder klar geworden. Ich lief an einem Golden Retriever vorbei - und stieß mit kindischer Freude »Oh, ein Wau Wau!« aus. Ich sah mich kurz beschämt um. Dann ging ich beglückt weiter. ●

Luisa Jacobs ist Redakteurin im Ressort Arbeit, ZEIT ONLINE.

Fußball analysieren

»Papa, du hast wirklich keine Ahnung«, stöhnte mein Sohn und rollte genervt mit den Augen. Unser Gespräch kreiste um eine Grundsatzfrage, die unbedingt ausdiskutiert werden musste: Woher kam das Zerwürfnis zwischen Thomas Tuchel, dem inzwischen Ex-Trainer von Borussia Dortmund, und der Vereinsführung um Hans-Joachim Watzke? Meine Argumentation speiste sich aus der eher sporadischen Lektüre von Sportteilen in Zeitungen, gepaart mit einem 30-jährigen Vorsprung an Lebenserfahrung. Sie zielte auf die Leistung des Trainers: Die sei zwar ziemlich gut gewesen, aber letztlich doch nicht gut genug für die absolute europäische Spitze. Das hätten Watzke und Co. begriffen und daher diesen blöden Konflikt mit Tuchel inszeniert.

Gut, ich war nicht dabei gewesen – aber mein Sohn schließlich auch nicht. Also ein klares 0 : 0. Es ist allerdings ein Wagnis, einen 12-jährigen

Werder-Bremen-Fan(atiker) und manischen kicker-Leser mit der fragilen väterlichen Autorität von rasch improvisierten Annahmen auskontern zu wollen. Mein Sohn ist fußballtechnisch derart versiert, dass er auch die - gewiss dramatischen - Spiele vom vergangenen Spieltag in der dritten englischen Liga interpretieren kann. Prompt setzte er zu einem detaillierten Vortrag über die tatsächlichen Leistungen Tuchels innerhalb von nur zwei Jahren an, von denen ich nicht einmal ein Viertel hätte nennen können. Und er krönte ihn mit einem finalen Volleyschuss: »Die haben halt emotional nicht zueinandergepasst! Klopp und Watzke dagegen früher, die waren echte Kumpels!«

Es ratterte in meinem Hirn. Die Theorie, die ich hier präsentiert bekam, erschien mir pädagogisch ziemlich problematisch: Kumpels und Emotionen sollten für den Erfolg entscheidender als Leistung sein? Herrje, was hatte mein Sohn da bloß in sieben Jahren bei Werder in diversen Kindermannschaften gelernt?! Und überhaupt: Passt Carlo Ancelotti etwa emotional zu Uli Hoeneß? Rasch jedoch merkte ich, dass mein Sohn eigentlich gar nicht so falschlag. Er hatte mich an eine ewige Wahrheit erinnert: Die kühle, rationale Logik von Leistung, sie gilt weder für den Erfolg auf dem Fußballplatz noch für den im Leben. Oft entscheiden stattdessen am Ende doch die Gefühle - zum Glück. ●

Den Bundestag neu sehen

Den Bundestag neu sehen

Mein Büro liegt in der Nähe des Reichstags. Wenn ich den Bundestags-abgeordneten zuhören will, steige ich aufs Rad und bin wenige Minuten später auf der Pressetribüne. Oft besuche ich auch Abgeordnete in ihren Büros, im Jakob-Kaiser- oder im Paul-Löbe-Haus. Ich war mir also sicher: Ich kenne mich aus im Herzen des politischen Berlin. Was für ein Irrtum.

Im vergangenen Sommer machte meine damals 14-jährige Tochter ein Praktikum bei einer Abgeordneten. Während der drei Wochen schwärmte sie abends begeistert: von Plenardebatten (die ich eher er-müdend finde), dem Antrag der Abgeordneten, an dem sie mitschreiben durfte (den ich deswegen, anders als sonst, sogar las), und den Diskus-sionen in den Ausschüssen (in die ich oft nicht reindarf). Das Netteste erzählte sie allerdings nicht: Sie lernte auch, wo es wirklich langgeht. Und so überraschte sie mich am letzten Abend ihres Praktikums mit einer Führung ganz besonderer Art.

Ein letztes Mal zückte meine Tochter an der Pforte stolz ihren Haus-ausweis. Ich musste langsam durch die Schleuse für Journalisten. Drin-nen ging meine Tochter vor: durch die unterirdischen Tunnel, die die Abgeordneten-Gebäude verbinden und in denen ich mich immer noch verlaufe. Über die sogenannte »höhere Beamtenlaufbahn«, eine Brücke, die sich hoch im sechsten Stock vom Marie-Elisabeth-Lüders- zum Paul-Löbe-Haus über die Spree spannt. An wenigen Orten ist man in der Stadt so draußen wie dort, wir fühlten uns eine Weile »erhaben« über Berlin - bis uns der Wind zu sehr sauste. Wieder durch die Tunnel zum Reichstag und hoch aufs Dach. Pünktlich zum Sonnenuntergang blickten wir über den Tiergarten und schossen Fotos. Ein letztes Bild. Als sich die Aufzug-türen hinter uns schlossen, schaute meine Tochter wehmütig auf ihren Ausweis. Morgen würde er kein »Sesam, öffne dich!« mehr sein.

Wir saßen dann noch, müde gelaufen, auf den Treppen vor der Spree. An der Wand des Marie-Elisabeth-Lüders-Hauses lief eine Filmprojektion, ein Ritt durch die deutsche Geschichte. Die hatte ich bis dahin noch nie gesehen. Meine Tochter schwärmte noch einmal, wie aufregend Politik ist, wie schön die Gebäude sind. Sie will bald wieder rein, in den Bundestag. Und ich nehme mir seither hin und wieder eine stille Minute auf der Brücke über der Spree. ●

Helden verehren

Mein Sohn und ich haben eigentlich einen ziemlich ähnlichen Literaturgeschmack. Wir hatten Spaß mit den »Kindern aus Bullerbü«, und »Pippi Langstrumpf« haben wir gleich mehrfach gelesen. Bei »Madita« allerdings streikte mein Sohn plötzlich. »Mama, fällt dir was auf?«, fragte er nach fünf Seiten. Mir war nichts aufgefallen. »Da kommt kein einziger Junge vor«, sagte mein Junge. »Und passieren tut auch nichts.« Als er kurz drauf über Pumuckl einschlief, merkte ich: Die Helden meiner Kindheit hatten ausgedient.

Wir machten gerade Ferien in Südtirol. Also ging ich in die Buchhandlung und kaufte, was es dort an deutschen Jungsabenteuern gab. In dem Regal stand außerdem eine CD-Sammlung mit Sagen. Nichts, wozu ich bislang einen Bezug hatte. Aber ich nahm sie mal mit. Danach haben wir ziemlich viele Ausflüge gemacht. Denn nur im Auto konnten wir die CDs anhören. Draußen zogen Berge mit Burgen vorbei, drinnen lauschten wir den Geschichten von Odysseus, von König Artus und seinen Rittern. Als wir eines Nachmittags bei einem Schloss namens Runkelstein Rast machten und dort den Helden Siegfried auf einem Wandgemälde erblickten, begrüßten wir ihn wie einen alten Freund.

Zurück in Deutschland, beschlossen wir, Siegfried zu besuchen. Ich war inzwischen ebenso sagensüchtig wie mein Sohn. Wir fuhren nach Xanten, wo Siegfried geboren ist. Danach nach Worms, wo er am Hofe von König Gunther lebte - und von einem Widersacher ermordet wurde. Der Ausflug war allerdings leider ein Reinfall. In Xanten fanden wir von Siegfried nur ein Museum mit alten Filmplakaten. Und der Dom zu Worms wurde gerade zugesperrt, als wir hinkamen. Von Siegfrieds Schatz fehlte jede Spur. Außerdem regnete es in Strömen.

Mein Sohn wandte sich daraufhin den griechischen Helden zu. Eine Zeit lang las er Tag und Nacht »Percy Jackson«, eine moderne Sagenversion. Eigentlich wäre es an der Zeit, dass auch ich zu den Fortgeschrittenen wechsele, mir Siegfried vielleicht als Oper ansehe. Doch Richard Wagner ist nichts für mich, nicht mal in der Kurzfassung für Kinder. Deshalb höre ich weiter die Sagen-CDs. Und irgendwann fahren wir zu Odysseus ... ●

Jutta Hoffritz betreut die Rubrik »Was mein Leben reicher macht«, DIE ZEIT.

Geschichten erfinden

Geschichten erfinden

»Papa, erzählst du uns von den Ritterkindern?« Diese Frage legt in meinem Kopf einen Schalter um. Jetzt muss ich mich wieder in einer Denkweise üben, die mir lange fremd war. Tun, was sonst tabu ist. Es geht ums Erfinden, ums Fabulieren, ums Improvisieren. Nicht dass ich ungern Geschichten erzählen würde. Bloß müssen die auch stimmen. Das ist meine *déformation professionelle*, eine milde Berufskrankheit, die für Journalisten ja ganz gesund ist: Geschichten müssen wirklich passiert sein und auf vertrauenswürdigen Quellen basieren, idealerweise gibt es davon mehrere für jedes Detail. Wir Journalisten nennen zwar unsere Artikel gerne »Geschichten«, weil das schön kreativ klingt, aber den Regeln unseres Handwerks entsprechend geben wir die Wirklichkeit wieder.

Als Vater komme ich damit nicht weit. Meine Tochter und meine beiden Söhne wollen Geschichten, die ihren eigenen Standards entsprechen: abenteuerlich, geheimnisvoll, überraschend, mit Kindern als Hauptfiguren und feuerspeienden Drachen als Haustieren. Dazu sollte ich erwähnen, dass meine drei Kinder gleich alt sind. Sie kamen gemeinsam zur Welt, lernten gemeinsam krabbeln, laufen und sprechen, gehen gemeinsam zur Schule. Und sie fingen alle gleichzeitig damit an, Geschichten einzufordern. Seitdem haben sie damit nicht mehr aufgehört.

Deshalb bin ich froh, dass wir die Geschichte von den drei Ritterkindern haben. Seit zwei Jahren fabulieren wir daran herum, der Stoff ist unerschöpflich: Die drei leben auf einer fiktiven Burg in einem idealisierten Mittelalter, zwei Schwestern und ein Bruder (so viel Abstraktion muss sein!). Es ist wie bei einer lange laufenden Fernsehserie: Wir kennen die Protagonisten, wissen, was sie ärgert, wie sie sich verändert haben im Lauf ihrer Abenteuer.

Ich bin mittlerweile einigermaßen geübt im Improvisieren (»Mitten im Wald fanden sie einen, ähem ... alten Turm!«). Ich kann mir eine Handlung ausdenken, während ich sie erzähle. Vor allem aber habe ich lernen müssen, dass es weniger um die Geschichte selbst geht als darum, dass die Kinder sie bestimmen. Sie wollen sich einmischen, sich die nächsten Schritte ausdenken. Ich bin nur der Moderator, der ihre Wünsche miteinander verwebt. Die eigentlichen Erzähler sind die drei. ●

Eis essen

Vor zwei Jahren etwa fing das mit dem Eis an. Schon morgens vor der Kita fragte meine Tochter: »Krieg ich heute ein Eis?« Sie blieb ruckartig vor Eisdielen stehen und starrte Eis essende Kinder an, sie baute mit den Sandförmchen nur noch »Eis« und erzählte ungefragt von ihrer aktuellen Lieblingssorte. Das ist recht normal bei Zweijährigen, das ist mir schon klar. Trotzdem war mir diese ständige Eisverherrlichung zuwider. Nicht nur aus den bekannten Gründen - da ist doch so viel Zucker drin! -, sondern auch, weil ich die Faszination dafür einfach nicht verstand: Ich bin ein Chipstyp.

Ich habe also versucht, was Mamas da so versuchen: Den Buggy schnell am Eisladen vorbeischieben. In die andere Richtung zeigen und »Schau mal da, ein Eichhörnchen« rufen. Bedingungen an das Eisessen knüpfen (»Erst musst du die Spinatspätzle aufessen!«). Ihr Alternativen andrehen (»Zu Hause gibt es leckeren Milchreis!«). Das hat natürlich gar nichts geholfen. Jeden Morgen fragte sie wieder nach Eis.

Aber dann, irgendwann, sind mir all diese Dinge aufgefallen.

Wenn meine Tochter Eis isst, hält sie es mit zwei Händen fest, ganz weit unten. Sie schleckt es nicht mit Konzept, so wie wir Erwachsene: immer den Rand entlang, damit es nicht tropft. Sie schleckt oben über den Berg.

Sie behält das bisschen Eis kurz im Mund, lutscht es auf, schleckt weiter. Es dauert viele lange Minuten, bis sie bei der Waffel angekommen ist, und dann wieder viele lange Minuten, bis sie die Waffel Stück für Stück abgebissen hat.

Sie schleckt und schaut auf die Straße, ohne freundliches Lächeln, ohne grimmiges Gesicht. Sie schaut einfach den Mamas und Papas zu, die mit ihren Buggys vorbeilaufen, den Kindern auf den Laufrädern, den Opas mit ihren Hunden. Und ich glaube, sie denkt dabei nur an diesen Geschmack in ihrem Mund.

Sie spricht auch nicht, während sie Eis isst. Das schafft sie sonst nur, wenn sie schläft.

Meine Tochter kriegt jetzt immer noch nicht jeden Tag ein Eis. Aber wenn, dann kauf ich mir inzwischen auch eins. Wir setzen uns dann zusammen in die Sonne, schlecken und schauen in die Ferne.

Eis essen, das ist nämlich wie Meditieren. Ich konnte es vorher nur nicht. ●

Maria Rossbauer ist Redakteurin im Ressort Junge Leser, DIE ZEIT.

Übers Weltall staunen

Sarah Schaschek

Übers Weltall staunen

Ich habe nie eine große Faszination für den Nachthimmel gehabt. Er war mir immer zu groß, alles darin zu weit weg. Ich habe das Licht der Sterne angeschaut und gedacht: Es ist Millionen Jahre alt. Was hat es mit mir zu tun? Wenn ich zu lange darüber grübelte, wurde mir schwindelig.

Mit 3 Jahren fing der jüngere meiner Söhne an, sich fürs All zu begeistern. Er kam aus der Kita und wollte »Raketenmann« werden. Ab sofort zog er nur noch Pullover an, die Satelliten und Sterne zeigten. Sein Hochbett baute er mit Decken und Taschenlampen zum Raumschiff um. Unablässig stellte er Fragen: »Wie lange fliegt man bis zum Mond?«, »Wann bin ich groß genug, um Astronaut zu werden?« Einmal - er muss meinen besorgten Blick gesehen haben - fügte er hinzu: »Mama, ich komme dich auf der Erde besuchen.« Als könnte mich das beruhigen!

Ich begann, Bücher über das Sonnensystem vorzulesen, über Juri, Laika, die Wostok. Mein Sohn klebte währenddessen in seinem Stickeralbum die Planeten auf ihre Umlaufbahnen oder setzte die 250 Teile seines »Eagle«-Mondlandefahrzeugs aus Plastik zusammen. Er berichtete von neuen Details, die er erfuhr, etwa dass auf der Internationalen Raumstation ISS das Wasser aus dem Urin wiederaufbereitet wird. Ich merkte, wie aufmerksam ich zuhörte, wenn auf der Hörspielbox in Dauerschleife »Was ist was: Raumfahrt« lief.

Dann entdeckte mein Sohn in einer Zeitschrift ein Haus mit einem Kuppeldach - eine Sternwarte. Er überredete mich noch in derselben Woche, eine zu besuchen. Es war ein Wintertag, wir standen auf einem Berg und starrten in den verschneiten Himmel. »Man kann die Planeten auch sehen, wenn es bewölkt ist«, sagte der Mann, der für uns das Teleskop einstellte.

Dort oben hat es mich gepackt. Plötzlich sah ich die Lichter ganz neu: Was für ein Halt, sie sind immer da. Sie leiten Menschen, die sich verirrt haben. Man kann sie befragen: Warum gibt es uns hier auf der Erde? Der Himmel erzählt so viel, wenn man ihn liest.

Inzwischen halte ich es nicht mehr für Spinnerei, dass Menschen das All bewohnen möchten. Ich klicke auf jede Meldung zum Outer-Space.

Manchmal holt mich der Schwindel von früher noch ein, der Gedanke an die verschlingende Größe des Universums. Dann konzentriere ich mich wie mein Sohn auf die Technik. Ich stelle mich in die Mitte des Zimmers und winke mit der »Sky View«-App durch die Luft. Am liebsten suche ich die ISS und ziehe gebannt ihre Bahn nach. ●

Wo Eltern einfach mal loslassen können

Schminken

Zu ihrem 8. Geburtstag wollte meine Tochter kein Playmobilhaus und kein Trampolin. Sie bestellte auch keinen Schokoladenkuchen. Auf meine Nachfrage, was denn ihr größter Wunsch zu diesem besonderen Tag sei, antwortete sie schlicht: »Ich wünsch mir, dass du Lippenstift trägst.«

Dazu muss man wissen, dass das Kind sich schon länger nach Schminke sehnt, als es zur Schule geht. Als es das erste Mal Nagellack erbat, trank es noch Milch aus der Nuckelflasche. Zu Faschingsfeiern ging es als feine Dame, Meerjungfrau, Model und Braut - mit dem passenden Make-up, versteht sich.

Dass ich ihre Schminkleidenschaft nicht teile, ist für meine Tochter eine herbe Enttäuschung. »Wieso schminkst du dich immer gleich?«, fragt sie mich, wenn sie mir morgens dabei zusieht, wie ich schnell etwas Eyeliner und Wimperntusche auftrage. »Weil ich mich so am liebsten mag«, antworte ich und schraube die Mascara wieder zu. »Oma nimmt ja zum Beispiel noch Make-up«, säuselt meine Tochter und scannt mein Gesicht.

Meine Mutter entspricht ihrem Bild von einer schönen geschminkten Frau voll und ganz. Wenn sie nach dem Kaffeetrinken zum Schminktäschchen greift, um sich die Lippen nachzuziehen, bekommt meine Tochter einen glänzenden Blick. »Oma, kann ich auch welchen?«, haucht sie dann und streckt ihre Hand aus.

Vorbilder findet sie auch unter den Müttern ihrer Freundinnen. »Lenas Mama hat eine Wimpernzange«, schwärmte sie jüngst. »Wusstest du, dass die Wimpern damit einen voll schönen Schwung kriegen?« Bei Tiktok lernte sie den unglaublichen Nutzen eines Make-up-Eis kennen. »Bringst du mir eins aus der Stadt mit, biiiitte!« Glücklicherweise musste ich meine Unkenntnis nur vor der Verkäuferin outen, die das Erfragte - einen

eiförmigen Schwamm, der sich den Gesichtskonturen anpasst - wissend aus dem Regal zog.

Zum Geburtstag meiner Tochter habe ich übrigens keinen Lippenstift getragen. Dafür habe ich gestattet, dass meine Tochter von ihrer Freundin einen 50-teiligen Profi-Schminkkoffer bekam. Seitdem schnappe ich weiteres Fachvokabular auf, wann immer ich am Bad vorbeikomme: »Cooling Eye Roller Ball« höre ich etwa, »Floating Glitter Brush« und »Oil Control Paper«. Vielleicht schaue ich mir dazu mal ein Tutorial an. ●

Reiten und Demut

Meine Tochter und ich haben uns einen Traum erfüllt: Wir haben uns ein Pferd gekauft. Genau genommen habe ich das Pferd gekauft, und meine Tochter hat Halfter, Strick und Satteldecke bezahlt. Unser Pferd ist unsere gemeinsame große Liebe. Mal reitet meine Tochter, mal reite ich, und meistens gucken wir uns gegenseitig dabei zu. Der Reitlehrer sagt, meine Tochter sei sehr talentiert, was mich mit Stolz erfüllt. Zu meinem Talent äußert er sich kaum.

Ehrlich gesagt: Meine Tochter reitet einfach besser als ich. Vor einigen Jahren haben wir beide angefangen, da war sie 8. Anfangs konnte ich den Abstand zwischen ihrem und meinem Können damit abtun, dass sie auf etlichen Reitfreizeiten war, während ich arbeiten musste. Im Frühjahr aber verbrachten wir eine Woche auf einem Reiterhof, wir hatten jeden Tag Unterricht. Diese Woche bewies, dass da noch etwas war. Meine Tochter spürt, was sie tun muss. Man muss ihr gar nicht viel erklären. Sie reitet mit dem Bauch, ich reite mit dem Kopf. Mir muss man alles erklären, und manchmal ist das Pferd schneller, als ich denken kann. Dann liege ich im Sand.

Viele Eltern erwarten, dass ihr Kind ähnliche Talente hat wie sie selbst. Musikalische Eltern wünschen sich musikalische Kinder, sportliche Eltern wünschen sich sportliche Kinder. Die Eltern wissen, dass das nicht gut, aber vielleicht auch nicht dramatisch ist. Ratlos macht sie etwas anderes. Es hat sie ja niemand darauf vorbereitet, dass es auch andersherum sein kann: dass das Kind ein Talent haben kann, das ihnen selbst fehlt.

Darüber musste ich kürzlich nachdenken, als der Reitlehrer mal nicht konnte. Meine Tochter saß auf einem Heuhaufen in der Halle. Sie schaute zu, wie ich mit dem Pferd meine Bahnen drehte, dann sagte sie vorsichtig: »Mama, ich würde versuchen, die Beine etwas weiter nach vorn zu nehmen.« Sie sagte: »Probier doch mal, den inneren Zügel ein bisschen weiter vorzugeben.« Sie sagte: »Der letzte Galopp war richtig gut!« Mein Kind verwandelte sich in meine Lehrerin. Eine sehr einfühlsame, motivierende Lehrerin. Es geht beim Reiten viel um die richtige Haltung. Meine Tochter hat mir an jenem Tag vor allem eines beigebracht: dass Demut gegenüber dem Kind für einen Erwachsenen eine sehr positive Haltung ist. ●

Tanja Stelzer ist Leiterin im Ressort Dossier, DIE ZEIT.

In Ruhe essen

Wenn ich esse, man kann es leider nicht anders sagen, dann schlinge ich. Falle in rasendem Tempo über meinen Teller her, zerlege die Speisen wie im Rausch, schaufele sie in mich hinein, als gelte es, irgendwelche Geschwindigkeitsrekorde zu unterbieten, und kann nicht aufhören, bis alles weggeputzt ist. Das ist nicht schön, schon klar, es ist auch nicht sonderlich vorbildlich. Vor allem aber: Es macht keinen Spaß.

Das merke ich spätestens, wenn ich das Besteck zusammenlege, meinen Teller von mir schiebe, mich einen Moment zurücklehne - und dann sehe, wie mein 13-jähriger Sohn seinen Teller noch halb voll hat und sich gerade in aller genießerischen Ruhe ein Stück Fleisch abschneidet. Er schiebt ein bisschen Gemüse dazu auf die Gabel, drapiert einen nicht zu großen Klecks Soße darauf und führt sich diese Kombi, man kann es

nicht anders formulieren, zum Munde. Verglichen mit meinem Schlingen ist das, was er da macht, Essen in Zeitlupe, kulinarische Entschleunigung. Ein Akt des Versinkens. Und ich beneide ihn darum. Auch ich habe natürlich irgendwann mal gelernt, dass man jeden Bissen mindestens 36-mal kauen soll, aber das ist nur noch eine ferne Erinnerung, eine verlorene Erkenntnis aus meiner Kindergartenzeit. Wenn ich gut bin, kaue ich einen Bissen sechs- oder achtmal. Aber meistens bin ich nicht gut.

Entweder weil ich derart infernalischen Hunger habe, dass ich auf so etwas Subtiles wie Etikette oder Genuss nicht mehr achten kann (jedenfalls rede ich mir das zur Entschuldigung gern ein). Oder weil ich mir durch jahrzehntelanges Essen in lärmenden Mensen und übervollen Kantinen das Schlingen als Selbstschutz antrainiert und damit einen Mechanismus etabliert habe, der nun auch am Wochenende greift, wenn ich mit den Kindern esse. Wenn eigentlich Zeit wäre. Wenn ich meine innere Unruhe endlich einmal beherrschen sollte.

Manchmal legt mein Sohn sogar Messer und Gabel beiseite und kaut einfach nur. Kaut und schmeckt und genießt. Und ich schaue ihn mit stiller, fassungsloser Bewunderung an und denke: »Ja, richtig, so könnte man auch essen.« So sollte man essen, genau so. Nicht weil es gesünder ist. Oder klüger. Oder zivilisierter. Sondern einfach weil es viel besser schmeckt. ●

Fünf gerade sein lassen

Fünf gerade sein lassen

Jeder vernünftige Mensch weiß: Weißer Zucker ist des Teufels. Entsprechend reagierte ich, als ich meinen Sohn - da war er noch ein winziger Kerl - mit einem Paket Zucker entdeckte. Er war in einer nicht überwachten Sekunde über den Tisch gekrabbelt, hatte es umgekippt und war nun dabei, das süße Zeug in sich hinein zu schaufeln. Ich stürzte hin und entriss ihm die Beute. Dabei begegneten sich unsere Blicke. Und ich schwöre: Nie zuvor und niemals später habe ich so eine abgrundtiefe Enttäuschung gesehen. Im selben Moment war das Paradies entdeckt und vernichtet worden. Eine tiefe Scham befiel mich. Noch heute tut mir dieser Eingriff leid.

Es liegt an meinen Kindern, dass viele Überzeugungen, die ich im Lauf des Erwachsenwerdens erworben habe, wieder kollabiert sind. Ich pries abwechslungsreiche Kost mit einem hohen Anteil an Obst und Gemüse? Mein Sohn, inzwischen erwachsen, bewies mir, dass man auch durch die fast ausschließliche Ernährung mit Nudeln ein fitter, gesunder Typ werden kann. Meine Tochter, 16 Jahre alt, machte mir klar, dass sogar ein Besuch bei McDonald's Spaß machen kann.

Die beiden haben mir vorgeführt, dass meine vehement vertretenen Meinungen ideologisch begründet sind. Und dass es nicht schadet, sie immer wieder einem Praxistest zu unterziehen - im Gegenteil: Was wäre mir ohne meine Kinder entgangen! Etwa jene grässlichen Mädchenbücher, die ich am liebsten heimlich entsorgt hätte. Sie entpuppten sich beim Vorlesen als Schlüssel zu einer mir bis dahin verborgenen Welt. Oder der Sehnsuchtsort meiner Tochter: Mallorca! »Türkisenes Wasser«! Das Mädchen bevorzugt grundsätzlich Reiseziele, welche die Massen lieben. Was mir als ein Spießerspaß erschien, machte ihr einfach Freude. Ich gab nach - und stellte fest: Das Mädchen hat recht. Die Massen irren nicht. Jedenfalls nicht immer.

Nur in einem Punkt hielt ich dagegen. Beim Fußball. Als mein Sohn klein war, musste ich manchmal mit ins Stadion gehen. Ich saß da zwischen Tausenden, die plötzlich jubelnd aufsprangen und ihre Arme in die Luft rissen. Ich sollte dann auch aufstehen und die Arme in die Luft strecken. Das fand ich ziemlich albern. Und irgendwie nazimäßig. Ich blieb sitzen. ●

Burkhard Straßmann ist freier Autor, DIE ZEIT und ZEIT ONLINE.

Rosalilaglitzerpink lieben

Mädchen in Rosalilaglitzerpink fand ich lange gruselig. Weil ich das Gendermarketing der Spielzeug- und Bekleidungsindustrie verachte. Weil ich die alten Rollenklischees bloß nicht bestätigen will. Ich möchte in einer Gesellschaft leben, in der Mädchen genauso im Matsch spielen wie Jungs und in der Väter genauso selbstverständlich in Elternzeit gehen wie Mütter. Ich möchte eine Welt, in der sich Mädchen und Frauen frei entfalten können. Rosalilaglitzerpink stand für mich lange für genau das alte Gesellschaftsbild, von dem ich mein eigenes Kind fernhalten will.

In den ersten Lebensjahren meiner Tochter wurde ich daher ständig gefragt, wie alt »der süße Kleine« denn sei - wir hatten ihr grüne Latzhosen statt lila Röckchen angezogen. Dass fremde Menschen tatsächlich so stereotyp auf Kleider reagierten, hat mich in meiner Haltung nur bestärkt. Aber irgendwann, meine Tochter war etwa 3, wollte sie plötzlich nur noch eins: Rosalilaglitzerpink. Ich habe keine Ahnung, woher das kam. Aber es half alles nichts: In ihrem Kleiderschrank wurde es langsam, aber sicher rosaner, lilaner, glitzernder.

Mir schwante Schlimmes. Ein Kind, das nicht mehr auf Bäume klettert, damit der Tüllrock nicht kaputtgeht. Das nur noch Puppen umziehen und frisieren möchte. Ein Kind, das in eine schreckliche Frauenrolle rutscht und dazu noch sich selbst und andere über Äußerlichkeiten definiert. Das, was manche »ein typisches Mädchen« nennen.

Die große Überraschung: Meine glitzernde Tochter hat sich kaum verändert. Sie spielt immer noch gerne mit Jungs wie mit Mädchen. Wiegt ihre Puppen in den Schlaf und baut Eisenbahnstrecken durch die ganze Wohnung. Will roten Lippenstift benutzen und klettert dann auf Strohballen. Und ich fühle mich ertappt.

Ist es nicht absurd, dass wir Feministinnen kleine Jungs dafür feiern, dass sie rosa Kleidchen tragen wollen, während wir es den Mädchen auszureden versuchen? Mir mag nicht gefallen, was meiner Tochter gefällt. Aber ihr gefällt es eben. Inzwischen habe ich das akzeptiert. Neulich habe ich ihr freiwillig einen glitzernden Haarreif mit rosa Flamingo mitgebracht. Und die neue Strumpfhose in pink gekauft.

Inzwischen schaue ich anders auf Mädchen, die in rosa Röckchen stecken. Ich empfinde ihre Kleidung nicht mehr als Angriff auf meine Werte. Und eigentlich ist das ja die Gesellschaft, die ich mir wünsche: Eine, in der jeder das tun und tragen kann, was er möchte. Und sei es eben rosalilaglitzerpink. ●

Simone Gaul ist Redakteurin im Ressort Politik, Wirtschaft und Gesellschaft, ZEIT ONLINE.

Nicht mal Klavier

Je länger ich darüber nachdenke, was ich von meinen Kindern gelernt habe, umso schwerer fällt mir die Antwort. Ich hätte gerne was von ihnen gelernt, das schon, nur geschafft habe ich es nicht. Aber vielleicht fällt ja den Kindern etwas ein, denke ich, als wir im Auto sitzen. Wir sind auf dem Weg von Hamburg nach Tübingen, dort wohnen die Großeltern.

700 Kilometer Autobahn durch Deutschland, mindesten sieben Stunden Zeit, um der Sache nachzugehen. »Was habe ich von euch gelernt, Kinder?«, frage ich kurz hinter Harburg. Im Rückspiegel sehe ich, dass der Jüngste, 5 Jahre alt, bereits in sein Fahrtkoma gefallen ist. Die Mittlere, 11 Jahre, sagt: »Ich überleg mal«, und verfällt in Schweigen. Der Große, 14 Jahre, hört mich nicht unter seinen Kopfhörern. Es klingt nach RIN. Immerhin habe ich von meinem Sohn gelernt, dass Deutsch-Rap auch

ganz Passables zu bieten hat. Aber das beantwortet die Frage nicht wirklich. Ich denke an meine Kindheit. Klavierunterricht, angefangen in der sechsten Klasse, beendet in der siebten Klasse.

Meine rechte Hand wusste nie so genau, was meine linke tat. Als mein Ältester mit Klavier anfing, dachte ich deshalb: »Gute Gelegenheit!« »Hey Großer, weißt du noch, wie ich von dir Klavier lernen wollte?« Sein Kopf nickt, ich weiß nicht, ob das meiner Frage gilt oder dem Beat von RIN. Viel zu sagen gibt es ja auch eigentlich nicht: Ich mühte mich noch mit Scarborough Fair da spielte er schon die Moldau. Meine rechte Hand stümperte sich durch die Moldau, er spielte Für Elise, auswendig, die Mondscheinsonate im Blick.

Bald gab ich wieder auf und redete es mir schön: Mit 50 lernt man das nicht mehr. Lebenslanges Lernen ist doch einfach nur ein Marketing-trick der Ratgeber- und Coachingindustrie.

Kurz hinter Kassel ruft meine Tochter: »Ich weiß was - Laufen!« Sie ist ein Leichtathletik-Ass und bringt regelmäßig Medaillen nach Hause. Und sie ist sehr einfühlsam: Sie lässt unerwähnt, dass ich nur ihre Fersen sehe, wenn ich versuche, mit ihr mitzuhalten. Bei Würzburg wacht der Kleine auf. Ich frage ihn. »Mario Kart«, sagt er. »Haben wir dir beigebracht.« Er hat recht, das Videospiel war noch drin. In dem Autorennen bin ich ganz okay. Und bei einer Spielstrecke sogar besser: der Autobahn. ●

Wieder einschlafen

Wieder einschlafen

Früher hatten mein Mann und ich noch keine Kinder, aber dafür eine schöne Altbauwohnung, allerdings mit einem Makel: Direkt vor dem Schlafzimmer stand ein Baum, eine Linde. Zuerst fanden wir das gut: der Blick ins Grüne, das Zwitschern der Blaumeisen und Singdrosseln, es hätte so schön sein können.

Es war nur so, dass wir damals bei offenem Fenster schliefen. Und die Blaumeisen und Singdrosseln, sie fingen früh an mit ihrem Zwitschern, um vier Uhr morgens. Von diesem Moment an war es mit offenem Fenster unmöglich, ein Auge zu schließen. Da lag die Lösung natürlich nahe, würde ich heute sagen: aufstehen, Fenster schließen, weiterschlafen. Damals aber versuchten mein Mann und ich alles, um das Aufstehen auf den anderen abzuwälzen: Deals, Tricks, Sich-schlafend-Stellen. Und das nicht nur aus Faulheit: Einmal aufgerichtet, fand ich unmöglich zurück in den Schlaf. Es ging einfach nicht.

Heute ist das anders. Ganz anders! Das habe ich meinen Kindern zu verdanken. Die beiden unterbrechen unsere Nacht nicht nur um vier Uhr morgens. Und sie klingen dabei auch nicht so lieblich wie Singdrosseln.

Als mein Sohn klein war, gab es Nächte, da weckte er mich alle vierzig Minuten. Dann kam meine Tochter, und es gab Nächte, da weckte sie mich alle dreißig Minuten. Ich weiß, viele von Ihnen werden nun wertvolle Tipps für mich haben. Sie müssen mir die aber nicht schicken, wirklich nicht - denn es ist ja gar nicht mehr schlimm!

Von meinen Kindern habe ich nämlich etwas gelernt, das ich »Staccato-Schlaf« nenne: kurz hingetupften, abrupt wieder abgerissenen, ganz zarten - aber immerhin: Schlaf! Egal um wie viel Uhr, egal, wie oft man mich weckt, ich döse wieder ein. Ich sehe das als großartige Fähigkeit, die ich mir angeeignet habe in den Jahren seit dem Fenster und der Linde.

Wir sind inzwischen umgezogen, vor unserem Schlafzimmer herrscht Ruhe, mich reißt kein Vogel mehr aus dem Schlaf. Und als letzte Nacht mein Sohn an mir rüttelte und halb träumend rief: »Mami! Im Flur steht ein Reh«, da stand ich, ohne zu zögern, auf, um nachzuschauen. Es stand kein Reh im Flur.

Kein Problem. Ich legte mich hin und schlief sofort wieder ein. ●

Sich treiben lassen

In der Zeit vor den Kindern war mein Privatleben straff organisiert: Kein Nachmittag, kein Ausflug, keine Reise ohne minutiöse Planung. Wann losfahren, wo übernachten, was angucken? Ich habe alles vorher festgelegt. Das hatte Vorteile: Ich fühlte mich sicher und effizient. Dass der Zauber des Zufalls dabei keine Chance hatte, merkte ich gar nicht.

Nach der Geburt meiner ersten Tochter hatte ich nicht vor, etwas an diesem Ansatz zu ändern. Umso größer war mein Frust, als die Wünsche und Bedürfnisse meiner Tochter meine Planung konterkarierten. Kurz in den Park, danach ein Eis, dann Freunde mit Kind treffen und pünktlich zum Abendbrot wieder zu Hause sein? Vergiss es! Müdigkeit, plötzlicher Hunger, eine ausgelaufene Windel, »ich will aber noch hier bleiben« - auf einmal gab es Hunderte Gründe, die den angedachten Ablauf gefährdeten.

Ich versuchte es mit Kompromissen und Argumenten: »Aber beim Eisladen wartet ein Eis auf dich!«; »Da ist Matteo, mit dem kannst du dann weiterspielen!« Aber natürlich half das alles nichts. Für meine Tochter zählte nur das Hier und Jetzt. Stur blieb sie an der Wasserstelle des Spielplatzes stehen.

Also war ich es, der begann, seine Planerei zu hinterfragen. Wozu die Mühe, wenn es am Ende sowieso immer anders kommt? Und war ich nicht reichlich egoistisch? Warum sollte alles immer nach meinen Vorstellungen laufen? Aus der durchgetakteten Choreographie wurde ein immer elastischerer Rahmen. »Wir gehen in den Park und schauen dann mal«; »Ach guck mal, ein Eisladen: Möchtest du eine Kugel?« Ich lernte: Demut vor den Bedürfnissen eines kleinen Menschen. Und dass die schönsten Momente aus Spontanität entstehen.

Um keine Missverständnisse aufkommen zu lassen: Ich bin heute kein ganz anderer Mensch. Größere Reisen plane ich nach wie vor eher zu viel

Sasan Abdi-Herrle

als zu wenig. Meine inzwischen drei Kinder werden auch immer größer - und für Argumente und Planung zugänglicher. Allein, das Krampfhafte in meinem Organisieren ist fort. Eine riesige Erleichterung. ●

Sasan Abdi-Herrle ist Chef vom Dienst, ZEIT ONLINE.

Konflikte lösen

»Keeehrmaschiiine!!« - dieser Ruf hallt morgens früh manchmal so laut durch unsere Wohnung, dass die Nachbarn über und unter uns fast aus den Betten purzeln. Unsere 3 Jahre alte Tochter rast zum Fenster und schaut runter auf den Weg, die 6-Jährige hinterher. Sofort schwillt der Lärm an: Mach mal Platz! Ich war zuerst da! Auaaaa! Dubistsogemein! Riesengeschrei.

Früher bin ich in diesem Moment ganz schnell aus der Dusche gesprungen, um zu verhindern, dass die zwei aufeinander losgehen. Ich wollte mich einmischen, den Streit schlichten. Inzwischen weiß ich, dass das überhaupt nicht nötig ist. Denn bis ich das Wasser ausgeschaltet und mich halbwegs abgetrocknet habe, bauen die beiden meistens längst wieder Lego oder malen zusammen Bilder. Wenn ich mich von jedem Geschwisterstreit unterbrechen ließe - ich würde wahrscheinlich nichts mehr fertig kriegen in meinem Leben. Ich hätte ungewaschene Haare, würde Halbgares zu Mittag servieren und diesen Text niemals zu Ende schreiben.

Irgendwie muss ich vergessen haben, dass die Kindheit eine Art Trainingslager fürs Streiten ist. Dabei bin ich selbst mit einem Bruder und einer

Schwester aufgewachsen – und leise ging es bei uns nicht gerade zu. Zwischen meinen Töchtern kracht es ständig. Mal hat die Kleine ein Bauwerk der Großen zerstört. Mal die Große der Kleinen das Müsli weggegessen.

Kinder sind aber auch Meister darin, sich wieder zu vertragen. So schnell sie sich angiften, so schnell ist die Auseinandersetzung auch schon wieder vergessen. Wird da jetzt noch geheult oder schon wieder gekichert?, frage ich mich oft aus dem Nebenraum. Ist plötzlich alles schon wieder vergessen?

Ich bin eine dieser Erwachsenen, die jeden Streit besprechen möchten. Am besten mit einem Ergebnis, einer Entschuldigung, vielleicht muss man noch ein wenig darüber nachdenken, dann geht man wieder aufeinander zu. Doch wenn ich versuche, meinen Kindern diesen Ablauf zu vermitteln – »Was war denn los hier?«, »Entschuldigt euch mal!«, »Vertragt ihr euch wieder?« – merke ich, wie verkopft das alles ist. Die beiden brauchen das gar nicht. Die gehören so klar zusammen und sind sich ihrer bedingungslosen Schwesternliebe so sicher, dass kein Streit sie erschüttern kann. Nachtragend sein ist für sie gar keine Möglichkeit. Eben haben sie noch geschrien, dann gucken sie sich an, und auf einmal rennen sie gemeinsam raus aus der Wohnung. Die Treppe runter, der Kehrmaschine hinterherschauen. Ihre Wut ist wie weggefegt. ●

Johanna Schoener ist Redakteurin im Ressort Wissen, DIE ZEIT.

Die Macht der Reiswaffel

Ich habe mir fest vorgenommen, keinen romantischen Text über das Elternsein zu verfassen, dennoch muss ich zugeben, dass ich durch meine Tochter ein paar grundsätzliche Dinge über das Leben gelernt habe: den Trumpf der Einfachheit und die existenzielle Bedeutung von Reiswaffeln.

Kinder sind nicht neurotisch. Wie neurotisch man selber ist, merkt man hingegen schnell. Glücklicherweise lässt man es mit Kindern auch bald wieder bleiben. Ich habe mich sehr über die Erfahrung gefreut, dass komplexes Denken nicht alle Probleme löst, auch wenn man sein Leben lang viel Zeit hinein investiert hat.

Meine Erkenntnis: Mach es nicht so kompliziert! Meine Tochter ist fast 3. Sie hat das drauf. Viel besser als ich.

Ein Beispiel: Wir sind auf dem Spielplatz, und die Laune, meistens gut, kippt auf einmal. Es wird geschrien und getobt. Da hilft kein Wort, kein Trost. Anfängerfrage: Was hat sie nur? Wer jetzt umständlich anfängt, Bedürfnisse zu ermitteln, hat verloren.

Der Mensch ist ein kompliziertes Wesen. Seine Bedürfnisse sind es eigentlich nicht. Das denke ich, während ich auf die Reiswaffel gucke, die ich aus der Jackentasche ziehe. Sie hat eine poröse, fast dämmstoffartige Konsistenz. Sie schmeckt nach nichts, macht aber beim Kauen laute krachende Geräusche.

Meine Tochter liebt Reiswaffeln. Mittlerweile kann meine Tochter sprechen. Eines ihrer ersten mehrsilbigen Wörter war: REIS-WA-FFEEEEEL. Manchmal hat man einfach nur Hunger!

Ich vermute, dass die Reiswaffel eines der erfolgreichsten Produkte der Republik ist. Manchmal stelle ich mir Tausende von Eltern vor, wie sie abends die weißlichen, quietschenden Krümel aus ihren Taschen pulen und mir wird warm ums Herz ob unserer Verbundenheit.

Eine Reiswaffel fällt immer nach oben in den Sand. Mit einem Vater habe ich einmal rumfantasiert, wie großartig es wäre, auf dem Spielplatz nachts guerillamäßig ein große Reiswaffelskulptur zu errichten, so aus knubbeligem Beton, auf der die Kinder herumklettern können, aber auch, um uns zu erfreuen an der Einfachheit der guten Dinge.

Die Reiswaffel ist eine Metapher für eine gesunde Lebenspragmatik. Und wenn ich meine Tochter beobachte, wie sie wieder weiterrennt, hinfällt, aufsteht, trotzdem lacht, habe ich wieder diese kitschigen Elterngedanken: Der Mensch ist im Kern glücksbegabt - und eigentlich braucht er nicht viel. Manches Drama im Leben ist ein reines Zuckerspiegelproblem. ●

Malin Schulz ist Artdirektorin, DIE ZEIT. **67**

Yoga

Drei erwachsene Kinder habe ich und zwei Babys; von den Kindern lernen, das passierte bei mir also in zwei verschiedenen Lebensphasen, und beim zweiten Lernen veränderte sich gewissermaßen das erste. Denn in der ersten Kinderphase - die begann, als ich 30 war - wurde das Lernen noch von meinem Bemühen überdeckt, erwachsen zu sein und mich in der Welt zu behaupten. Infolgedessen strahlte mehr von all dem Sollen und Müssen auf die Kinder ab, verdeckte einen Teil dessen, was Kinder überhaupt sind.

Bernd Ulrich

Andererseits habe ich seinerzeit wegen der Kinder überhaupt erst gelernt, eine verlässliche Person zu sein, wurde durch die drei erwachsen und weniger selbstbezogen. Denn die Kinder verstanden glücklicherweise meine kleinen Erwachsenendramen nicht in ihren großen Kindertragödien, sie konnten auch die Ursachen meiner Stimmungen nicht verstehen, die dann herkunfts- und erklärungslos, also ungemildert auf sie trafen. Also habe ich (einigermaßen) gelernt, meine Stimmungen kindgerecht zu moderieren und umzumeditieren. Oder besser menschengerecht. Das ist im Rückblick gesehen der Clou: Sich selbst so zu leben, dass man für andere zumutbar, wenn möglich bereichernd ist, diese Übung eignet sich mindestens so sehr gegenüber Erwachsenen.

In meiner zweiten Vaterphase spielt das Sollen und Müssen keine so große Rolle mehr. Und wenn man dann mit einem gewissen heiteren Fatalismus auf die Babys schaut, zeigt sich, dass sie nichts wissen - und doch alles. Sie verfügen über diesen arglosen Egoismus, der niemandem etwas Böses und nichts anderes will, als sich selbst eine Schneise ins Leben schlagen. Das geht weiter mit dem grenzenlosen Vertrauen, das sie nicht deshalb haben, weil sie etwa wüssten, dass die Eltern so verlässliche Wesen wären, nein, umgekehrt: weil die Kinder so hemmungslos vertrauen, werden die Eltern (meist) zu Menschen, denen man vertrauen kann. Vertrauensvorschuss.

Und was sie auch schon mit 8 Monaten können, ist Yoga. Nicht nur, was naheliegt, die »Haltung des Kindes«, auch der »abwärts gerichtete Hund« wird immer mal in den Tag gestreut, ebenso wie der Schneidersitz und der mühelose Spagat. Und ich lerne: Yoga muss ich gar nicht lernen, weil ich es schon mal gekonnt und verlernt habe. Yoga ist Erinnern. Seitdem geht es viel leichter. ●

Bernd Ulrich ist stellvertretender Chefredakteur, DIE ZEIT.

Laut sein

Ich sauge viel Staub in letzter Zeit. Es ist nicht so, dass ich sonst besonders wenig staubgesaugt hätte. Ich bin unsere Putzfrau. Ich habe es gern
sauber. Aber neuerdings wird es selbst mir etwas viel. Wenn ich nicht
aufpasse, werde ich bald nahezu täglich saugen. Vor lauter Staubsaugen
werde ich irgendwann gar nicht mehr zum Arbeiten kommen.

Ich mache das nicht freiwillig. Ich werde freundlich dazu genötigt.
Sobald mein einer Sohn morgens wach wird, hoppelt er zu dem Putzschrank, in dem sich unser Staubsauger befindet, und haut mit der fla-
chen Hand gegen die Tür. Der Putzschrank ist aus Metall und bildet einen
vorzüglichen Klangkörper. Schon mit leichten Schlägen lässt sich eine
Lautstärke erzeugen, die beeindruckend ist.

Mein Sohn hat eine Trommeltechnik entwickelt, die selbst den Pau-
ker im Tschaikowsky-Symphonie-Orchester des Moskauer Rundfunks
kleinlaut wirken ließe. Natürlich hört er beim Trommeln kaum, was
ich ihm mit der verständnisvollen Stimme eines empathisch-zugewandt
erziehenden Elternteils zuflüstere: dass wir vielleicht erst einmal zu-

sammen Staubkörner suchen sollten, um zu gucken, ob nach unserer Aktion vom Vortag überhaupt noch welche übrig sind. Er haut und ruft etwas, das ohne die Schrankpaukenbegleitung womöglich wie Saugen klingen könnte.

Ich muss jetzt uhrzeitabhängig entscheiden, was unsere Nachbarn auf Dauer mehr erfreut: die Schrankpauke oder der Staubsaugersound. Allzu oft entscheide ich mich für das weinende Kind.

Nicht selten allerdings schieben wir auch gemeinsam den Sauger durch die Gegend.

Und je mehr ich dann darüber nachdenke, was hier eigentlich gerade wieder passiert, desto klarer wird mir, dass ich meist viel zu zurückhaltend durchs Leben gehe. Man muss einfach laut und deutlich sagen, was man möchte. Vielleicht mit ein bisschen mehr Betonung auf laut.

Ich habe das Prinzip jetzt mehrfach in beruflichen Kontexten angewandt. Und was soll ich sagen: Es funktioniert gar nicht so schlecht.

Nur bei meinen Kindern komme ich so irgendwie nicht weiter. ●

Johannes Gernert ist stellvertretender Leiter im Ressort Entdecken, DIE ZEIT.

Lässigkeit

Ich bin ein bisschen empfindlich geworden, wenn man mich öffentlich zurechtweisen will. Nach Lebensjahren in der Laissez-Faire-Stadt New York und im anarchisch-herzlichen Rio de Janeiro zucke ich zusammen, wenn mich in Hamburg ein strenger Blick erwischt: Hier geht man nicht bei Rot über die Ampel! Das stört aber, dass Sie sich an der Supermarktkasse so viel Zeit lassen! Interessant und irgendwie tadelnswürdig, dass Sie sich auf diese Bank auf der Hauptstraße gesetzt haben und ein Picknick ausbreiten!

Am deutlichsten habe ich solche öffentliche Kontrolle wahrgenommen, als ich als Vater eines Kleinkinds frisch aus den USA nach Deutschland kam. Da schauten nun wildfremde Menschen in den Kinderwagen meines Sohnes hinein. An sich war mir das nicht neu, weil so etwas auch in New York passierte: »Oh, he is so cute!« »Doesn't he look just like his dad?« »You must be so proud!«

Die deutschen Kommentare fielen allerdings anders aus. »Warum trägt er nur einen Socken?«, war ein häufig ausgesprochener Gruß. Ich sah nicht ein, warum ich jemandem erklären sollte, dass mein Sohn zum wiederholten Mal seinen Socken erst ausgezogen und dann in den nasskalten Matsch des Hamburger Herbstes befördert hatte. Das gehörte zu seinen liebsten Spielen und deutete schon in diesen frühen Lebensjahren auf hervorragende motorische Koordinationsfähigkeiten hin. »Warum schreit er so? Ist das Ihr Kind?« Das fragte mich ein strenger Senior, als mein Sohn mal schlimme Bauchschmerzen hatte, ich seinen Wagen auf dem Rückweg vom Kinderarzt durch St. Pauli schob und dazu eine verwegene schwarze Lederjacke trug. Ich nehme dem Mann die Frage, rückblickend, nicht übel, aber dass er mich danach auch noch viele Hundert Meter lang verfolgte, war etwas viel.

Thomas Fischermann

Rasch habe ich mir angewöhnt, zurückzublöken. Ich wurde dabei nicht ausfallend, man konnte aber gut verstehen, was ich sagte. Angriff gilt als die beste Verteidigung, und ich fühlte mich besser so. Sobald ich also von einer gerunzelten Stirn darauf hingewiesen wurde, dass mein Sohn am Gemüseregal die Avocados anfasst, empfahl ich unfreundlich den Einkauf eines anderen Gemüses. Als man mir bei einer Vater-Sohn-Radtour in Hamburg-Lokstedt zurief: »Das ist hier aber kein Radweg!«, grüßte ich zünftig zurück: »Halten Sie Ihren Köter bei sich!«.

Ich war nur erstaunt, dass ausgerechnet mein Sohn, den ich jahrelang auf diese Weise vor übergriffigen Passanten beschützt habe, die Sache viel lockerer sieht. Er ist inzwischen 15, also im Peak-Rabaukenalter, und an meckernde Passanten hat er sich anders gewöhnt. Als ich kürzlich eine Rentnerin anpflaumte, die mit schwingendem Gehstock irgendwas über meine Wahl eines Parkplatzes auf ihrer Wohnstraße zu sagen hatte, hörte sich mein Sohn meine Zurechtweisug der Zurechtweiserin kritisch an. »Kannst Du nicht einfach Entschuldigung sagen und weitergehen?«, regte er an. Demnächst probiere ich das mal aus. ●

Thomas Fischermann ist Redakteur im Ressort Wirtschaft, DIE ZEIT.

Eltern lernen Neues

Wie Müllautos funktionieren

Ich habe so viel von meinem Kind gelernt, dass ich mich frage: Was wusste ich vorher eigentlich? Nichts. Aber das ist nur der übliche Tonfall der Übertreibung, in dem Eltern von ihren Kindern sprechen. Denn ein Kind zu bekommen ist, wie das erste Mal als Europäerin in die USA zu reisen. Alles ist plötzlich so groß: Sorge, Geduld, Müdigkeit und die Liebe natürlich. Ist das zu fassen?

Ich habe aber auch eine Menge konkretes Wissen angehäuft, das meinen Blick auf die Dinge für immer verändert hat. Zum Beispiel freue ich mich jetzt immer, wenn ich eine Kehrmaschine sehe. Ich denke: Oh, eine Kehrmaschine! Manchmal, wenn ich etwa mit Kolleginnen beim Mittagessen war und wir auf dem Rückweg in die Redaktion sind, muss ich mich zurückhalten, nicht zu rufen: Guckt mal, Leute, ein Müllauto!

Ich kann alle Müllautos der Stadt inzwischen unterscheiden. Ich weiß auch, aus welchen Fahrzeugen sich ein Löschzug zusammensetzt. Das ist allerdings nichts gegen meinen Sohn, der darauf besteht, dass wir die Theorie zu Einsatzfahrzeugen aller Art jeden Abend zusätzlich in Büchern studieren. Der Maschinist sitzt auf dem Drehleiterfahrzeug unten und nicht auf der Drehleiter, verbesserte er mich neulich. Ist auch logisch, wenn man darüber nachdenkt.

Mein Sohn hat zur stofflichen Welt ein so leidenschaftliches Verhältnis, dass ich zwangsläufig auch anfange, mich dafür zu interessieren. Bisher dachte ich, dass es Physik und sozusagen *Material* gibt als Kulisse für mein Denken, mein Fühlen, meine Seele. Mein Sohn sieht das vollkommen anders. Er fragt mich, ob ein Lkw und ein Sattelschlepper dasselbe sind. Ich weiß das nicht, muss ich sagen. Er ist keine 3 Jahre alt. Mir graut vor den Fragen, die da noch kommen. ●

Elisabeth Raether ist Co-Leiterin im Ressort Politik, DIE ZEIT, und Kolumnistin vom »Wochenmarkt« beim ZEITmagazin.

Gewitter verstehen

Gewitter verstehen

Neulich am Abendbrottisch. Keiner isst, alle starren auf die gigantischen Wolken, die sich draußen vor dem Fenster türmen. Als ein Blitz die schwarzgraue Wand durchzuckt, fangen die Kleinen (0 und 5 Jahre) an zu heulen. Die Große (8 Jahre) aber zählt die Sekunden bis zum Donnerschlag: eins, zwei, drei, vier. - »Mama, wie weit ist das Gewitter entfernt?« - »Keine Ahnung.« - »Papa sagt, dass man das ausrechnen kann.«

Doch Papa ist leider noch nicht zu Hause. Was tun? Sich heimlich darüber freuen, dass die eigene Tochter eines der gängigsten Mädchen-Klischees nicht bestätigt, während man selbst, nun ja, voll ins Bild passt? Die Wahrheit ist, dass ich bis zu diesem Abendessen nicht nur unfähig war, die Entfernung eines Gewitters zu berechnen. Ich hatte auch nicht den Eindruck, dass es gut wäre, dergleichen zu können. Physik hat mich nie sonderlich interessiert. Damit beschäftigten sich in meiner Schulzeit nur Nerds! Ich fand das große von Menschen gemachte Drama namens Gesellschaft spannender. Ich habe fremde Sprachen gelernt und fremde Länder bereist, ich habe viel gelesen, um zu verstehen, wie Menschen leben, wovon sie träumen, wofür sie kämpfen. Es fällt mir nicht schwer, meiner Tochter zu erklären, dass vieles von der Perspektive abhängt und es die eine allgemeingültige Wahrheit nicht gibt.

Bei Naturphänomenen aber gibt es die. Und wenn meine Tochter mich danach fragt, fühle ich mich wie die totale Vollidiotin. Die Gewitterfrage ist nur eine von vielen, bei denen mir meine über Jahrzehnte gepflegte Ignoranz auf die Füße fällt. Warum rollt ein großer Ball schneller vom Balkon als ein kleiner? Warum bildet sich auf dem ganz vollen Wasserglas eine kleine Wölbung? Die einfachste Antwort wäre: Frag Papa. Aber dazu bin ich mittlerweile zu stolz. Also googeln meine Tochter und ich zusammen. Wir schauen »Wissen macht Ah!« und die Erklärfilme der Maus.

Inzwischen kann ich auch die Entfernung eines Gewitters berechnen. Weil Licht sehr schnell ist, der Schall aber nur 340 Meter pro Sekunde schafft, hört man den Donner mit ein paar Sekunden Verzögerung. Wenn man diese Sekunden zählt und mit 340 multipliziert, hat man die Entfernung in Metern. Heureka! ●

Spaß an Mathe

In meiner Schulzeit war Mathematik für mich schlicht die Hölle. Vielleicht mit Ausnahme der ersten zwei Jahre, in denen meine Mutter zugleich meine Mathelehrerin war - die es übrigens gar nicht mochte, wenn ich mit dem Jungen von nebenan dieses Spiel spielte, das Monopoly hieß und in dem es nur um Geld ging. Aber dann zogen wir von Schleswig-Holstein nach Bayern. Dort war man in Mathe nicht nur gefühlt Jahre weiter, der Lehrer gehörte auch noch zur alten Schule: Wer sich »zu dumm« anstellte, bekam seinen Schlüsselbund an den Kopf. Und sein Nachfolger suchte zu sehr die Nähe kleiner Jungen. Danach hatte ich so viel Distanz zu allem aufgebaut, was mit Mathematik zu tun hatte, dass ich in der fünften Klasse, zum Rechnen an die Tafel gerufen, keinen Finger mehr rührte. Ich trieb Mathelehrer und Nachhilfelehrerinnen zur Verzweiflung, manchmal zu Tränen. Und hätte man nicht Mathe abwählen können, wer weiß, ob ich das Abitur geschafft hätte.

Es gab also sicher Gründe, warum ich mich für einen Job entschieden habe, der mit Mathe auf Anhieb nur wenig zu tun hat (während der Nachbarsjunge, dessen Eltern nichts dagegen hatten, dass er Monopoly spielte, heute erfolgreicher Unternehmer ist).

Aber dann kam meine Tochter. Sie geht in die zweite Klasse und ist bewundernswerterweise so gut in Rechnen, dass sie Extraaufgaben bekommt. Eines Tages zeigte sie mir eine Textaufgabe, bei der sie nicht weiterwusste. Ich hatte mich - Pädagogen raten dazu - bis dahin stets bemüht, ja nicht wie ein mathematischer Problembär zu wirken und immer wissend genickt, wenn meine Frau mit unserem Kind Kopfrechnen spielte (spielte!). Ich war also selber schuld, dass meine Tochter mich nun um Hilfe bat.

Und obwohl ich das wahre Problem der Aufgabe - es ging um eine Simone, die daheim auszieht, sofort ein eigenes Haus baut und beim Kauf

der Steine übers Ohr gehauen wird - ganz woanders gesehen hätte, schafften wir sie tatsächlich. Ich strahlte. Die Tochter sagte nur, das sei doch klar gewesen. Mathe sei so ähnlich wie Detektivspielen. Vielleicht war es aber auch der kleine ungeahnte Erfolg, der bewirkte, dass ich mich direkt an die nächste Aufgabe wagte. Und an noch eine. Bis ich allmählich erkannte: Mathe ist eigentlich auch nur ein Lernfach. Irgendwann ertappte ich mich dabei, dass ich meiner Tochter zeigte, wie sich bei Rechendreiecken die Unbekannten ermitteln lassen. Und wie ich - ICH! - Dinge sagte wie: »Alles lässt sich errechnen. Man muss nur den richtigen Weg herausfinden.«

Gerade habe ich mir ein Buch bestellt, das Eltern Mathematik von A bis Z beibringen soll. Und kaum zu glauben: Ich freu mich drauf. ●

Fische fangen

Mein Sohn wollte angeln, und zwar von Herzen, da war er 3½ Jahre alt. Woher er das hatte? Keine Ahnung. Ich konnte nicht angeln und wollte es auch nicht, ich war erwachsen geworden, ohne je den Wunsch zu verspüren, einen Fisch zu fangen. Aber nun fing mein Sohn an zu drängeln: wann ich endlich einen Angelschein machen würde? Dass man den braucht, wusste er von einem Freund. Der war genauso fischvernarrt wie er, hatte aber einen Vater, der Schatzkisten voller Köder und Blinker und Schwimmer besaß, der mit superscharfen Messern hantierte und mit brutal scharfen Haken. Irgendwann war ich es dann leid, andere Angelscheinbesitzer zu fragen, ob sie mit meinem Sohn und mir mal an den See fahren würden. Es war auch peinlich, als wir unser erstes Rotauge fingen und ich nicht wusste, wie man den Haken aus dem Maul bekommt.

Also meldete ich mich in einem nahen Angelverein zum Kurs an. Mehrere Abende lang lernte ich Fisch-Theorie. Neben, vor und hinter mir saßen Jugendliche und Deutschrussen, die alle angeln konnten. Für sie war der Angelschein nur ein Papier, das sie zum Vorzeigen brauchten, wenn mal ein Kontrolleur vorbeikam. Ich hingegen fühlte mich wie ein Fisch auf dem Trockenen. Als die Prüfung nahte, plagte meinen Sohn die Sorge, ob sein Vater es wohl packen würde. Das musste unbedingt sein, deshalb bot mein Sohn mir seine Hilfe an. Er war nun 4 und konnte das Alphabet und alle zehn Ziffern. Das reichte. Denn jede Frage auf den Prüfungsbögen hatte drei mögliche Antworten: a, b oder c. Mein Sohn setzte sich also mir gegenüber aufs Sofa und nahm den Lösungsbogen an sich. Ich las die Nummer der Frage vor und sagte, welche Antwort ich für richtig hielt, zum Beispiel »132 b«. Er schaute nach, ob das stimmte.

Inzwischen habe ich den Schein seit 8 Jahren, und wir waren oft beim Fischen. Wir haben Brassen und Kaulbarsche gefangen, Forellen, Köhler, Dorsche und Flundern, Thunfische und Goldmakrelen. Stets sind wir zusammen gegangen, mein Sohn hatte ja keinen Angelschein. Das ändert sich nun. Mein Sohn ist jetzt 12 und hat sich schon zum Kurs angemeldet. Bald wird er seine Prüfung machen, und ich, ich werde ihn abhören. ●

Tauchen

Tauchen

Ich kann schwimmen. Nicht besonders schnell, aber lange hat es gereicht. Ich bin auch schon durch die Schlei geschwommen und sicher auf der anderen Seite angekommen. »An der schmalsten Stelle«, sagt meine Tochter. Und schwimmen könne man das eigentlich nicht nennen. Meine Tochter trainiert im Schwimmverein. Ich spiele dafür besser Halma. Dabei hätte ich es belassen können.

Gäbe es nicht Palombaggia. Das ist eine der schönsten Buchten Korsikas, weißer Sand, azurblaues Wasser. Sanft senkt sich der Strand ins Mittelmeer. Andere Kinder graben nach Muscheln, werfen sich Bälle zu oder Sand an den Kopf. Mein Kind will schwimmen, weit hinaus. Also muss ich hinterher. Erst laufen wir, dann fällt der Boden ab, das Wasser wird kühler, die Wellen werden rauer. Ich schwimme. Plötzlich ist meine Tochter verschwunden. Unruhig blicke ich mich um, da taucht sie direkt vor mir auf: »Hast du das gesehen, Papa?« Strahlend deutet sie nach unten. Ich tauche den Kopf vorsichtig ins Wasser. Durch die Schwimmbrille sehe ich, dass der Boden eine kleine Felsschlucht bildet. Die Steine funkeln in der Sonne. Darüber bewegt sich silbriger Glitzer. »Komm mit, da sind total viele Fische.« Meine Tochter zerrt an meinem Arm. Tauchen also. Kann ich auch. Zumindest konnte ich es vor dreißig Jahren, da habe ich meinen Freischwimmer gemacht. Der erste Versuch ist mehr ein Untertauchen. Bevor ich gucken kann, muss ich schon wieder hoch. Mein Kopf kommt prustend aus dem Wasser. »Zu viel Luft, Papa!«, sagt meine Tochter. Warum taucht meine Tochter so schnell? Sie schlägt mit beiden Beinen parallel. Das kriege ich auch hin, denke ich mir. Und auf einmal geht alles wieder. Der Körper erinnert sich an das, was er gelernt hat, noch viel besser als der Kopf.

Wir tauchen durch Schwärme winziger Silberlinge, tasten uns vorsichtig heran an die größeren, bunten Fische, finden Krebse, Seegurken,

Muscheln. Später, das Kind tankt am Strand Kekse und Eis, schwimme ich noch einmal hinaus. Diese stille, bunte Welt hat mich eingefangen. Außerdem muss ich üben. Am Ende der Bucht liegt eine kleine Felsinsel. »Da gibt es rote Seesterne«, sagt meine Tochter. Und ich soll am nächsten Tag mit, natürlich. ●

Karsten Polke-Majewski ist Leiter im Ressort Investigative Recherche und Daten, DIE ZEIT und ZEIT ONLINE.

Kopfstand

Unsere ältere Tochter ist sehr sportlich. Sie läuft, fährt Ski, spielt Fußball. Mit ihren 14 Jahren ist sie sogar schon Fußballtrainerin und gewinnt mit ihrem Team von 6- und 7-jährigen Mädchen deutlich häufiger, als sie verliert. Ehrlich gesagt bin auch ich ganz sportbegeistert und laufe viel und weit: Ich mache bei Halbmarathons mit und bin einen Marathon gelaufen. Ich mache außerdem regelmäßig Pilates und Yoga.

Nur bei einer Sache habe ich Bedenken: Wenn ich umgekehrt auf dem Kopf oder den Händen stehen und die Beine in Richtung Himmel recken soll. Fragt mich nicht, warum, es ist einfach so. Kopfstand zum Beispiel habe ich früher schon probiert - ohne Erfolg. Doch ich wollte nicht so leicht aufgeben. Also habe ich mir zu Weihnachten so ein Hilfsgerät für den Kopfstand gewünscht, eine kleine Holzkonstruktion, die den Schultern beim Kopfstand als Stütze dient. Ich bekam sie auch. Seither stand sie in der Ecke. Ich traute mich einfach nicht daran. Ab und zu nahmen unsere beiden Töchter das Gerät heraus, und vor allem die ältere machte darauf Kopfstand, streckte die Beine nach oben, nahm sie in den Spagat und wieder zurück, turnte minutenlang darauf herum. Ich sah beeindruckt zu - und blieb mit den Beinen auf dem Boden. Aber die Große ließ nicht locker: Wann macht Papa endlich Kopfstand? Vor zwei Wochen reichte es ihr dann. Sie schlug vor, dass wir das jetzt zusammen machen. Später sind wir wirklich ins Schlafzimmer gegangen, wo das Ding steht, und sie hat alles vorgeturnt. Ich hätte echt alt ausgesehen, hätte ich nicht nachgezogen. Also bin ich da kurzerhand hineingetaucht und habe die Beine in die Höhe geworfen.

Meine Tochter stand direkt dabei wie eine Schutzwand und sorgte dafür, dass ich nicht einfach hintenüberkippte. Sie sprach mir die ganze Zeit über Mut zu, sie hat mich gar gelobt, »gut, Papa«, obwohl es anfangs

nicht viel zu loben gab. Dann haben wir uns abgewechselt, drei Mal. Beim dritten Mal habe ich dann selbst schon etwas geturnt, habe die Beine geöffnet und geschlossen und ein paar Kniebeugen in der Luft gemacht.

Jetzt verstehe ich, warum meine Tochter eine beliebte Trainerin ist. Sie bringt einem locker und leicht etwas bei, man merkt es kaum. ●

Uwe Jean Heuser ist Leiter im Ressort Wirtschaft, DIE ZEIT.   **91**

Neue Wörter

Neue Wörter

Vor etwa einem Jahr fuhr unser Sohn, 17, auf Klassenfahrt. Als er wieder zurück war, wollte jemand von seiner kleinen Schwester, 10, wissen, ob sie ihn denn vermisst hätte, den großen Bruder. »Ja«, meinte sie nach kurzem Nachdenken, »Ihn hab ich schon vermisst«. Pause. »Aber seine Brüdereien, die hab ich nicht vermisst.« Brüdereien, das ist klar, können nur von Brüdern begangen werden, sie sind von der Person selbst aber zu unterscheiden. Es handelt sich um Schurkereien, die in Kauf nehmen muss, wer den ganzen Bruder will. Seit ich die Brüdereien kenne und mich als Politikredakteurin näher mit dem CSU-Vorsitzenden beschäftigt habe, ist mir öfter das Wort Södereien in den Sinn gekommen. Ich denke, Sie verstehen, was ich meine.

Ich wollte immer etwas mit Wörtern machen. Deshalb bin ich Journalistin geworden. Hinter jedem neuen Wort steckt eine neue Idee, ein Gefühl, im besten Fall eine Welt. Deshalb freue ich mich sehr, wenn meine Kinder neue Begriffe mitbringen. Einige erschließen sich allerdings nicht ganz so leicht wie die Brüdereien.

Als ein Freund unseres Sohnes aus dem Ausland zurückkam und wir wissen wollten, ob er sich verändert habe, lautete der Befund: »Ist halt jetzt bisschen atzig drauf.« Wie bitte? Diversen Nachschlagewerken zufolge ist Atze ursprünglich eine Bezeichnung für den eigenen Bruder und wird verwendet wie »Freund« oder »Kumpel«. Aber es gibt noch eine andere Bedeutung. Allen im Alter meines Sohnes war sie klar, mir aber nicht. Ich versuchte, dem Geheimnis der Atzigkeit auf die Spur zu kommen. Doch immer, wenn ich meinem Sohn ein Beispiel aus dem Berliner Stadtleben präsentierte, winkte der ab: »Nee, ist keiner.« Der Atze, so erfuhr ich, ist optisch zuweilen nah am Asi, aber eben doch haarscharf daneben. Atzig sind zum Beispiel: weiße Tennissocken, die hochgezogen in Adiletten getragen werden. Anglerhüte sind atzig. Viele Atzen tragen Vokuhila. Aber Vorsicht: Nicht jeder mit Vokuhila ist ein Atze. Man kann sagen: Dem Asi passiert es, der Atze entscheidet sich fürs Atzentum. Er missachtet konsequent und absichtsvoll ästhetische Grundregeln.

Sie merken: Atzigkeit zu definieren ist schwer. Man muss ein Gefühl dafür entwickeln, muss das Atzen-Spotting lernen. Inzwischen hab ich es ganz gut raus. ●

Technik verstehen

Fast jeden Abend werde ich damit konfrontiert, was passiert, wenn die Energie von Kindern auf verformbare Materie trifft: Ich komme nach Hause - und auf der Kommode im Flur erwartet mich bereits ein Gegenstand, der nicht beständig genug war für die kindliche Spielfreude. Manchmal steht das jüngste Kind daneben und sagt »putt«, begleitet von einem traurigen »Oh«. Viele Dinge lagen schon mal da: verbogene Brillen, gesplitterte Holzschienen, Einsatzwagen mit verstummter Sirene. Ich bringe es nicht übers Herz, die Sachen so liegen zu lassen. Tatsächlich habe ich angefangen, sie zu reparieren.

Aktuell ist es ein besonders dicker Brocken: das rote Laufrad. In voller Fahrt knackte es im Vorderrad, seither läuft es nicht mehr. Putt. Wie so oft machte ich mich mit den Kindern gemeinsam ans Werk. Wir lösten die Muttern und staunten darüber, dass plötzlich viele kleine Kügelchen über den Boden prasselten. Mittlerweile weiß ich: Das war das Kugellager.

Ehrlich gesagt wusste ich bis vor Kurzem nicht so genau, wie ein Kugellager aussieht. Mein Opa, mein Vater, mein Bruder - alle waren oder sind Ingenieure. Nur ich, der Journalist, war immer etwas anders und fand Technik öde. Aber jetzt hat mich der Ehrgeiz gepackt: Wenn andere abends Netflix schauen, schreibe ich Mails an den Laufrad-Hersteller, Betreff: »Kugellager«. Zum Glück ist der Mann im Kundenservice motiviert. Denn die Sache ist komplizierter als gedacht. Zu Hause häufen sich die Nachfragen, wann Papa das Rad wieder zum Laufen bekommt. Die Kinder haben vorgeschlagen, selbst ein Kugellager zu basteln, aber das erscheint mir nicht seriös.

Es ist nicht das Geld, das ich spare, wenn ich Kaputtes repariere. Die Erwartung meiner Kinder spornt mich an. Sie wollen, dass die Dinge funktionieren. Sie sind davon überzeugt, dass man fast alles reparieren kann, und sie sind sich sicher, dass Papa es hinkriegt. Ich möchte sie nicht enttäuschen.

Und ich muss zugeben, dass mich Technik langsam richtig interessiert. Nach Weihnachten war ich zwei Tage lang damit beschäftigt, aus gut tausend Teilen eine Kugelbahn zusammenzubauen, die sich ein Kind gewünscht hatte. Mit Rad- und Stufenförderer! Es wirkt fast so, als würde ich mich meiner Ingenieursfamilie langsam wieder annähern. ●

Marc Widmann ist Leiter der Hamburg-Redaktion, DIE ZEIT.　　**97**

Kostüme entwerfen

Kostüme entwerfen

In der Schule war ich nicht besonders gut in Handarbeiten. Ich hätte ohnehin lieber Werken gehabt, aber auf dem Gymnasium in Oberbayern, das ich in den 1980er-Jahren besuchte, durften nur die Jungs in den Werkunterricht. Den Sinn dieser Regel habe ich damals schon nicht verstanden. Als wir Mädchen den Kreuzstich lernten, konnte ich am Ende nicht mal meine Initialen sticken. Und als wir stricken mussten, hat meine Mutter den Pulli für mich beendet.

Seit der Schulzeit habe ich deshalb alles, was mit Handarbeiten zu tun hat, lieber bleiben lassen. Meine Kinder, sie gehen in die 1. und 4. Klasse, haben weder Werken noch Handarbeiten. Im Gegensatz zu mir lieben sie es aber, etwas mit ihren Händen zu schaffen. Besonders an Fasching. Bereits Wochen vorher überlegen sie sich, welche Kostüme sie tragen wollen und wie ich ihnen dabei helfen soll. Vor einigen Jahren musste ich mir zum ersten Mal den Kopf darüber zerbrechen, wie ich meinen Sohn als Dinosaurier verkleiden könnte. Ich holte mir Anregungen auf einer DIY- Plattform im Internet und ging dann sehr widerwillig mit ihm in den Bastlerladen, um die notwendigen Utensilien wie Filz und Moosgummi zu besorgen.

Mittlerweile hat mir meine Tochter aber beigebracht, wie man sich selbst etwas ausdenkt und mit einfachen Mitteln umsetzt. Beim letzten Fasching schlug sie vor, gleich zwei Kostüme zu entwerfen. Sie wollte auf die Party einer Freundin als Indianerin gehen und zu der Schulfeier als »Irgendwas«. Das »Irgendwas« sah so aus: Sie schnitt einen Pappteller in der Mitte durch, machte Löcher für die Augen rein und befestigte ein Gummiband daran. Diese Maske beklebte sie dann mit Federn, alten Knöpfen und Pailletten. Dazu klebte sie bunte Stofffetzen auf eine Hose und ein Shirt. Angesteckt von dem Spaß, den sie dabei hatte, wollte ich bei der Indianerin freiwillig mithelfen. Wir besorgten uns hellbraunen Jersey-Stoff, daraus machten wir eine Tunika, indem wir ein Loch für den Kopf hineinschnitten. Meine Tochter malte Muster darauf, ich half beim Fransenschneiden. Zum Schluss bastelte sie sich ein Stirnband mit einer Feder, ich gab ihr einen Ledergürtel und alten Modeschmuck von mir. Ich hätte nicht gedacht, dass das Ergebnis so gut aussehen würde.

Für dieses Jahr steht mir nun eine besondere Herausforderung bevor: Mein Sohn möchte als Banane gehen. ●

Klettern

Alles begann mit einer Geburtstagsfeier. Einen Haufen Jungs einen Nachmittag lang zu bespaßen, ist ja gar nicht so einfach. Und irgendwann sind
sie aus dem Alter raus, in dem sie mit Schnitzeljagden durchs Viertel
oder dem Wasserbombenwerfen auf einen Vater in Badehosen ausrei-
chend beschäftigt sind. Zum Glück hatte in jenem Jahr, in dem uns die
zündenden Ideen ausgingen, in unserer Stadt eine Kletterhalle eröffnet;
ein mächtiges Teil mit 16 Meter hohen Wänden, an und zwischen denen
wir Bewohner des norddeutschen Flachlands so tun konnten, als seien
wir im Gebirge. Zum Angebot gehörte von Anfang an die Organisation
von Kletter-Kindergeburtstagen. Ein Trainer zeigt, wie's geht und passt
auf, während die Eltern für den Kuchen- und Getränkenachschub sorgen.

Sei es, dass ich mir beweisen wollte, noch kein ganz alter Sack zu
sein, sei es, dass ich von meinem Sohn bequatscht wurde - irgendwann
im Laufe dieses Nachmittags versuchte ich schließlich auch, mich an den
bunten, rauen Griffen die Wand hinaufzuhangeln. Zuerst im Boulder-Be-
reich, wo man ungesichert bis zu drei Meter hoch klettert und bei einem
Absturz auf den dick gepolsterten Mattenboden fällt. Später ging es mit
Gurt und Seil bis unter die Hallendecke. Was für meinen Sohn die Sport-
art seines Lebens werden sollte, war für mich zunächst eine gewaltige
Mutprobe. Nicht ganz schwindelfrei, zitterten mir schon nach wenigen
Metern die Arme - nicht so sehr wegen der Anstrengung (das auch), sondern vor Angst.

Am Ende des Tages waren wir aber beide angefixt und wurden
Stammgäste in der Halle. Gemeinsam absolvierten wir ein paar Kurse,
und fortan stieg mein Sohn zumeist voraus, während ich ihn von unten
sicherte. Mit gutem Zureden und hilfreichen Tipps hat er mich seither bis
in den Schwierigkeitsgrad 5c bugsiert, nicht eben viel. Aber den Elan, mit

Christof Siemes

dem er am Griffbrett über seiner Zimmertür Klimmzüge übte, bis er sie an einem Finger konnte, hatte ich dann doch nicht. Dafür haben wir uns gemeinsam »ausgewildert«, wie man das nennt, wenn Hallenkletterer hinaus ins Freie und an echten Fels gehen. In Südtirol und im Tessin haben wir gemeinsam Blut und Wasser geschwitzt. Und ich lernte, dass viele Wege tatsächlich nur dort sind, wo auch ein Wille ist. Aber für manche braucht man auch einfach starke Arme. ●

Christof Siemes ist Textchef, DIE ZEIT.   **103**

Estnisch sprechen

Neulich in der Elbphilharmonie: Glänzender Konzertabend mit Arvo Pärt, dem berühmten Komponisten aus Estland. Beim Sektempfang nehme ich allen Mut zusammen und stelle ihm eine Frage auf Estnisch. Er antwortet. Am nächsten Morgen erzähle ich am Frühstückstisch meiner Tochter, 6 Jahre alt, sehr stolz davon. Ich beginne Estnisch zu sprechen, da ruft sie auf Deutsch: »Oaah, Papi, hör auf damit!«

»Warum?«

»Weil du zu viele Fehler machst.«

Es ist so: Meine Frau ist Estin. Sie spricht estnisch mit unserer Tochter, ich deutsch. Als ich sie kennenlernte, also meine Frau, im Sommer vor einigen Jahren auf einer Insel in der Ostsee, kam mir ihre Sprache sehr rätselhaft vor. Es sei die »kleine Schwester des Finnischen«, las ich irgendwo. Aber was heißt das? Es klang wie nichts, was ich je gehört hatte. Zurück in Deutschland belegte ich einen Kurs an der Volkshochschule. Doch größere Schritte in »Eesti keel« gelangen mir erst, als unsere Tochter auf die Welt kam. Erste Stufe: Ich hörte meiner Frau zu. Häufige Frage: »On sul kõht tühi?« Genau: »Ist dein Bauch leer?« Dann: »Tahad mulle sülle tulla?« – »Möchtest du auf meinen Schoß kommen?« Auch: »Ei pane seda pesumasinasse.« – »Tu das nicht in die Waschmaschine!«

Zweite Stufe: Meine Tochter begann, eigene Wörter zu bilden. »Veel« war wohl ihr erstes, es bedeutet »mehr«. Dann kam »emme«, Mama. »Isi« sagt sie nicht, denn »Papi« spricht ja Deutsch. Jeden Tag, vom Aufstehen bis zum Einschlafen, beim Spielen, Aufräumen, Anziehen und so weiter, war ich im Sprachkurs. »Kus on sinu saapad?« Wo sind denn deine Schuhe? »Lähme õue!« Wir gehen raus. »Tuli kustu, musi, musi, head ööd.« Licht aus, Küsschen, gute Nacht. Bald verstand ich das meiste. Aber das Lerntempo erhöhte sich, und unsere Tochter bekam Aus-

sprache und Grammatik aus mir unerfindlichen Gründen spielend hin
... ich aber nicht.

Gerade beginnt die dritte Stufe: Meine Tochter verbietet mir, ihre
Muttersprache zu sprechen. Natürlich hat sie recht. Außerdem gibt es für
uns zwei ja die Vatersprache. Gestern habe ich ihr erzählt, dass ich jetzt
diesen Artikel schreibe; da meinte sie doch schon wieder: »Hör lieber auf.
Du machst zu viele ...« - »Nein!«, habe ich da gesagt und gelacht. »Den
schreibe ich ja nicht auf Estnisch.« - »Zum Glück«, meinte sie.

Zum Glück. ●

Drachologie

Drachologie

Ohnezahn ist Josefines Liebling. Er gehört zur Spezies der Nachtschatten, kann seine Rückenstacheln ausklappen, die Zähne einfahren und schläft mit Vorliebe kopfüber wie eine Fledermaus. Sein kompakter Körperbau macht ihn zu einem der niedlichsten Drachen. Dennoch besitzt er brachiale Eigenschaften. Statt Feuer spuckt er bläuliche Plasma-Blitze. Bei Bedarf lässt er damit Türme explodieren.

Meine 9-jährige Tochter Josefine weiß alles über Ohnezahn und Gronckel, über Eruptodon und den Brüllenden Tod. Ich mache immerhin Fortschritte, seit auch ich mich unfreiwillig dem Studium der Drachenwelt verschrieben habe. Zur familieninternen Bildungsoffensive in Drachologie kam es, als Josefine von mir keine Geschichten mehr vorgelesen haben wollte. Jetzt besteht sie darauf, abgefragt zu werden. Ich soll abends testen, wie solide ihre Kenntnisse sind. Schließlich hat sie schon zwei Bücher über die Protagonisten aus den Filmen »Drachenzähmen leicht gemacht« durchgeackert. Meine Aufgabe besteht darin, einen Absatz vorzulesen – und Josefine muss nach möglichst wenigen Sätzen herausfinden, welche Spezies darin beschrieben ist. Da der Abfrager beim Abfragen mitlernt, bin ich heute drachologischer Experte. Mir ist bekannt: Der Rote Tod ist die größte flugfähige Art, sein Schwanz endet in einer Keule, er kann neun Mal hintereinander Feuer speien. Der Schrecken der Meere dagegen hat den elektrischen Biss.

Spannend macht mein Drachenstudium, dass die Wesen keine reinen Fantasiegebilde sind. Vielmehr entdecke ich bei der Lektüre Anleihen aus der wahren Tierwelt. Der elektrische Biss ist inspiriert vom Zitteraal, der elektrische Organe besitzt, um Futter zu erbeuten. Der Sturmbrecher ist gebaut aus Fledermaus (Flügel), Fisch (Schuppenhaut) und Deutscher Dogge (Unterkiefer) – und fliegt wie eine Eule.

Josefines tägliche Drachenlehre ist also grundseriöse Weiterbildung. Ich lerne, was für tolles Equipment es sowohl in der fantastischen Drachen- als auch in der irdischen Tierwelt gibt. Auf das schnittige Design des Donnertrommlers vertrauen auch Walhaie und Adlerrochen. Der Leuchtende Fluch frisst Algen, die ihn leuchten lassen - ein Phänomen, das wir aus Ost- und Nordsee kennen. Den inoffiziellen Bachelor in Drachologie habe ich längst. Am Master arbeite ich. ●

Softskills für Eltern

Einfühlungsvermögen

Kein Mensch kann beurteilen, ob er besonders einfühlsam ist oder nicht, und wer anderes behauptet, ist es schon mal nicht. Allerdings möchte ich an dieser Stelle mal zu sagen wagen: Seit ich Kinder habe, wird mein Empathievermögen zumindest tagtäglich herausgefordert. Denn was ist Familienleben anderes als ein andauerndes Neuvermessen des Abstands zwischen Kindern und Eltern, emotional wie intellektuell?

Während die Herausforderung in einer Partnerschaft zwischen zwei Erwachsenen oft darin liegt, sich nach einiger Zeit zu gut zu kennen, ist das Besondere in der Beziehung zwischen Kindern und Eltern die stete Veränderung. Das Erzählen von Gute-Nacht-Geschichten, über Jahre fesselnd, wird unverhofft als öde abgetan. Eine Grimasse, lange Zeit Gute-Laune-Garant, wirkt abrupt verbraucht. Ein Pflaster, das oft beim Trösten geholfen hat, ist plötzlich peinlich. Irgendwann bekommt der Vater beim Überqueren der Straße keine kleine Hand mehr gereicht. Irgendwann wollen die Kinder beim Raufen den Sieg nicht mehr geschenkt bekommen. Irgendwann sind da lauter Fragen: Wann ist Hilfe bei den Hausaufgaben noch erwünscht - und wann wird sie als verletzend empfunden? Wann etwas sagen - und wann besser schweigen? Wann Kumpel der Kinder höflich begrüßen - und wann sie so ignorieren, wie sie mich ignorieren?

Ich habe einige Zeit gebraucht, um zu verstehen, dass der rasante innerliche Wandel meiner Kinder ungefähr dann einsetzte, als sich ihr äußerliches Wachstum (zum Beispiel im Hinblick auf Schuh- und Konfektionsgrößen) verlangsamte. Pubertät, schon klar! Eine Tücke der Natur, von uns Eltern eher Augen rollend ertragen, weil sie mit Verlusten und Gezicke verbunden ist. So sehe ich das in meinen schlechten Momenten. In meinen guten denke ich: Im Zeitalter des Individualismus und der Selbstoptimierung, der Schrittzähler, Fitnessarmbänder und Ratgeber-

bücher, kann man keine besseren Personal Trainer haben als die eigenen Kinder. Nicht für Yoga oder Kondition, sondern um sein Einfühlungsvermögen zu verbessern. Darin fordern meine Kinder mich täglich. Manchmal gibt es Zoff, immer öfter aber finden wir zusammen. Mal zu einem gemeinsam verdaddelten Tag, mal zu einem Museumsbesuch. Dann gehen wir zwar nicht mehr Hand in Hand, handeln aber auf Augenhöhe.

Jetzt kann - muss - man natürlich gleich einwenden, dass zu viel Augenhöhe, Ausgleich und Anpassung keine Erziehung mehr sind. Allerdings habe ich den Verdacht: Sogar dann, wenn ein Vater sich hammermäßig einfühlsam vorkommt (siehe oben), kann er in den Augen seiner pubertierenden Kinder immer noch ein ziemlich großer (Kotz-)Brocken sein. ●

Verhandeln

Sollte ich rein zufällig in Atomgespräche mit dem Iran verwickelt werden, in Verhandlungen über einen griechischen Schuldenschnitt oder über ein transatlantisches Handelsabkommen, dann kann mich das nicht schrecken. Ich bin mit allen Wassern gewaschen, zäh, nervenstark und fintenreich.

Weder sehr alte Diplomaten noch Immobilienentwickler oder Vorwerk-Handelsvertreter haben das harte Training durchlaufen, das ich wöchentlich genieße: Diskussionen über das Unterhaltungsprogramm mit meinen Kindern. Mein Sohn, 14, und meine Tochter, 12, verstehen sich so gut, wie man sich das nur wünschen kann. Sie spielen miteinander Schach, diskutieren wertschätzend und helfen sich bei den Schularbeiten.

Ein Idyll. Bis ich folgende Frage stelle: »Was schauen wir heute eigentlich für einen Film?« Dann beginnen die transatlantischen Verhandlungen. Denn egal, welchen Film ich auch vorschlage - wenn mein Sohn dazu »Ja« sagt, wird meine Tochter mit »Nein« darauf antworten und umgekehrt. So kommt es, dass das Aushandeln des perfekten Films oft länger dauert als der Film selbst.

Im Laufe der Jahre konnte ich die Strategien verfeinern, um die Ja-Nein-Regel zu brechen: Bestechung (»Wenn Pferdefilm, dann Essen beim Lieblingsjapaner«), Drohung (»Wenn keine Einigung, dann Geschirrspülen«), scheinbarer und tatsächlicher Verhandlungsabbruch (»Gut, dann schauen wir eben nichts«), bilaterale Gespräche im Hinterzimmer (»Sei doch nett zu deiner kleinen Schwester!«), diktatorische Ansagen (»Star Wars!«), komplexe Vertragswerke (»Wenn wir heute einen halben Pferdefilm schauen, können wir morgen zwei Drittel Science-Fiction sehen, es sei denn, wir gehen zum Lieblingsjapaner und danach zum Eisstockschießen«), statistische Argumente (»Wir haben in zwei Wochen nur zwei Pferdefilme gesehen, aber drei Science-Fiction-Streifen. Ergo Pferdefilm«) sowie paradoxe Intervention (»Sissi?«).

Dass wir am Abend dann doch gelegentlich einen Film schauen, ist ein kleines strategisches Wunder. Vielleicht fasse ich meine Erkenntnisse bald in einem Grundlagenwerk zusammen. Es dürfte an Machiavelli, Sun Tsu und Carl von Clausewitz heranreichen.

Mindestens. ●

Über Geld sprechen

Über Geld, so habe ich es als Kind gelernt, spricht man nicht. Das sollte auch für meine Kinder gelten. Heute sind sie 11 und 15 Jahre alt. Als sie anfingen zu fragen, was denn der Roller gekostet habe, den ich gerade für sie gekauft hatte, oder der Fußball oder die Wasserpistole, wich ich aus: »Nicht so viel.« Als diese Antwort nicht mehr stimmte, sondern gelogen gewesen wäre, etwa beim iPod Nummer soundso, sagte ich: »Ist doch egal.« Ich fand: Die Kinder sollten lernen, dass man sich über Geld lieber nicht zu sehr den Kopf zerbricht. Dass Geld sekundär ist, nur Äußerlichkeiten erfasst und dass man es daher mit einer gewissen Geringschätzung behandeln sollte. Vielleicht ist das jedoch nur möglich, wenn Geld immer in ausreichendem Maße zur Verfügung steht. Was bei mir nicht gerade der Fall ist. »Nein«, musste ich deshalb gelegentlich sagen, »wir können keine Ferien auf den Seychellen machen und auch nicht auf Ibiza, das kann ich mir schlicht nicht leisten.« Mein kleiner Sohn erwiderte: »Aber

der Vater von Finn und der Vater von Carl, die können sich das leisten.«
»Ja«, sagte ich, »die haben wahrscheinlich einen anderen Job.«

Seither ist mein kleiner Sohn wie angefixt. Er fragt ständig danach,
was man wo verdient. Es kommt sogar vor, dass er wildfremde Leute auf
ihr Gehalt anspricht. Als wir neulich in einen Bus einstiegen, fragte er
die Fahrerin. Sie nannte eine ganz unwahrscheinlich niedrige Summe,
die ich vor Schreck gleich wieder vergessen habe. Er fragte die Kassie-
rerin an der Supermarktkasse - neun Euro pro Stunde. Und einen Ban-
ker, der uns in der S-Bahn gegenübersaß - 150 000 Euro im Jahr. »Wow«,
sagte mein Kleiner. Irgendwann wollte er auch von mir wissen, was ich
verdiene. Ich zögerte, ich druckste herum - und rückte schließlich mit
einer Zahl heraus. »So wenig?«, meinte mein Sohn. »Wieso denn?« Das
fragte ich mich dann auch. Und fragte es am nächsten Tag meinen Chef.
Es war das erste Mal, dass ich im Büro über Geld sprach. Und eine Ge-
haltserhöhung bekam.

Am Abend desselben Tages ging ich mit meiner Familie in ein feines
französisches Bistro. Ein bisschen feiern. Aber vor allem wollte ich meinem Sohn eine Freude machen. Er will mal Restaurantkritiker werden.
So richtig wichtig scheint ihm Geld nicht zu sein. ●

Kunst fühlen

Lisa Nienhaus

Kunst fühlen

Ich musste erst mit meinen Kindern ins Museum gehen, um zu merken, dass mit mir etwas nicht stimmt. Wenn ich mir ein Kunstwerk anschaue, dann so: Ich betrachte es aufmerksam - für wenige Sekunden. Danach zuckt mein Blick hinüber auf das Schild, das rechts daneben an der Wand klebt. Ich lese: wie der Künstler heißt, was das Bild zeigen soll. Später greife ich zum Ausstellungskatalog und studiere ihn sehr genau. Zwischendurch blicke ich kurz zum Bild.

Meine Tochter war fast 4 Jahre alt, als ich sie zum ersten Mal in eine Ausstellung mitnahm. Dürer im Städel in Frankfurt, eigentlich nichts für Kinder. Aber da stand meine Tochter dann, ganz vorn vor einer Reihe von Drucken in Schwarz-Weiß - und war nicht mehr fortzukriegen. Dass man so etwas zeichnen könne: so furchtbar, so gruselig, so genau! Das Kunstwerk, das sie derart faszinierte, war die Apokalypse: 15 Holzschnitte, ein Wirrwarr an Grausamkeiten und Fabelwesen, von den vier apokalyptischen Reitern bis zum siebenköpfigen Drachen. Meine Tochter sog alles auf, ganz ohne Erklärungen, ohne Audioguide. Stattdessen mit hörbarem Vergnügen darüber, was sie da und dort entdeckte. So hörbar, dass bald doppelt so viele Besucher vor der Apokalypse standen wie zuvor.

Damals konnte meine Tochter natürlich noch nicht lesen, war also aufs Visuelle trainiert. Aber auch heute - sie ist mittlerweile in der zweiten Klasse - geht sie an Kunst anders heran als ich.

Für mich ist Kunst etwas, das ich (auch) verstehen will. Für sie ist Kunst etwas, das sie fühlen will. Das sieht man auch an ihren Zeichnungen. Sie malt unpräzise und wunderbar, kraftvoll schrankenlos. Realistische Detailtreue ist ihr vollkommen egal. Vielleicht sind ihre Bilder gerade deshalb so unfassbar lebendig. Und wenn sie zeichnet, hat sie eine

Ausdauer, die sie bei nichts anderem zeigt. Auch die Betrachter zieht das in den Bann - und so habe ich selbst wieder angefangen zu zeichnen.

Ich fand dafür Hilfe in einem Buch mit dem genialen Titel *Drawing for the artistically undiscovered*, gestaltet von Quentin Blake, dem Illustrator der Roald-Dahl-Bücher. Viele Seiten des Buchs sind noch leer, leider. Aber manchmal zeichnen wir gemeinsam, meine Tochter und ich. Sie ist besser. Noch hat sie es nicht gemerkt. ●

Sich entschuldigen

Ein Streit mit meinen Kindern trifft mich immer wieder wie aus dem Nichts. Ich meine damit nicht die kleinen Zickereien, die es des Öfteren gibt, nein: Es geht um diesen Riesenvulkan von Streit, der auf einmal mit einer Heftigkeit ausbricht, dass das ganze Viertel etwas davon hat. Da hagelt es plötzlich Vorwürfe von meiner Tochter, 10, weil ich, nachdem sie eine halbe Stunde lang verzweifelt über ihren Hausaufgaben gebrütet hat, vorsichtig nachfrage, ob ich ihr helfen könne. Oder mein Sohn, 13, äfft mich nach, nachdem er zuvor vergeblich versucht hat, eine Diskussion darüber anzufangen, dass man ein Fifa-17-Spiel auf der Xbox nicht einfach so beenden könne.

Jeder Streit dieser Art raubt mir gefühlt ein Lebensjahr. Aber jedes Vertragen hinterher schenkt mir eins zurück, mindestens. Und das liegt daran, dass meine Kinder mir so unglaublich weit voraus sind, wenn es darum geht, sich zu entschuldigen.

Entschuldigen: Das klingt nach einer Nebensache, nach einem Wort, einem Satz, schnell dahingesagt. Aber richtiges Entschuldigen ist so viel mehr. Der erste Schritt passiert oft noch von allein: Man merkt, dass

einem der Streit leidtut, egal, ob man sich im Recht fühlt oder nicht. Der zweite Schritt aber ist unheimlich schwierig: Man muss sich einen Ruck geben und sich entscheiden, zum anderen zu gehen und sich vor ihm kleinzumachen. Bis dahin komme ich ganz oft nicht, wenn ich mit meinen Kindern gestritten habe. Sie aber schon. Sie kommen sogar noch weiter - sie kommen zu mir, umarmen mich und entschuldigen sich. Nicht oberflächlich, sondern ganz ehrlich. Oft tun sie das auch dann, wenn ich der Auslöser des Streits war, und eigentlich immer, wenn sie es waren. »Es tut mir leid, Papa, dass ich ...« - so beginnen die Entschuldigungen meist, und mit »Ich weiß auch nicht genau, warum ich ...« enden sie häufig.

Mit der Zeit müsste ich eigentlich von meinen Kindern gelernt haben, wie das mit dem Entschuldigen geht. Ich mache es aber noch immer zu selten. Vielleicht steckt dahinter mehr als nur der Unwille, mich zu ändern. Vielleicht ist es auch die Angst davor, dann auf etwas verzichten zu müssen: auf die Entschuldigungen meiner Kinder. Mir würde wirklich etwas fehlen. ●

Älter werden

Bald feiert meine Tochter ihren 11. Geburtstag. Sie feilt schon eifrig am Programm für diesen Tag. Genau genommen hat die Planung vor einem Jahr begonnen, unmittelbar nach ihrem 10. Geburtstag. Seitdem besprechen wir regelmäßig die Abfolge der Spiele, variieren die Listen für »Essen«, »Trinken« und »Knabbern«, die seit Monaten an unserem Kühlschrank hängen, und diskutieren, ob Zelten bei sintflutartigem Regen wirklich die allerbeste Idee wäre. »Kein Problem!«, meint meine Tochter. Sie freut sich riesig auf ihren Geburtstag.

Meine Vorfreude ist gedämpfter. Nicht weil meine Erinnerung an die letzte Übernachtungsparty so hellwach ist, wie die sechs Mädchen es waren, als sie neue Bestzeiten im Nichteinschlafen erplauderten. Meinen Versuch, zu fortgeschrittener Stunde väterliche Autorität zu demonstrieren, beantwortete meine Tochter, indem sie das Kinderzimmer mit feierlicher Stimme zur »elternfreie Zone« erklärte. Ich beneide Mütter und Väter, die es schaffen, mit ihren Kindern an einem einzigen Sonntagnachmittag zu feiern. Aber das ist es nicht, was mich umtreibt.

Die Lage ist ernst: Meine Tochter wird älter. Neulich hat sie zum ersten Mal den Abschiedskuss verweigert, bloß weil ihre Freundinnen zugeschaut haben. Früher streifte sie einfach den Badeanzug über, inzwischen dauert es eine halbe Ewigkeit, bis sie sich unter seltsamen Verrenkungen wieder aus dem Handtuch wickelt. Und das ist erst der Anfang. Bald wird sie wahrscheinlich Jungs zu ihrem Geburtstag einladen. Ich sehe sie schon vor mir, rotzfreche Bengel in Bayern-Trikots. Ich würde die Zeit gerne anhalten.

Ehrlich gesagt will ich das schon, seit ich selbst mit 30 in einen Geburtstagsfeierstreik getreten bin und mir angewöhnt habe, Fragen nach meinem Alter eher vage zu beantworten. Ich gehe mit dem Thema eben etwas verkrampfter um als meine Tochter. Ich bewundere sie für ihre Lust am Älterwerden, für ihre Schwerelosigkeit in der Zeit. Von dieser Unbefangenheit hätte ich gerne etwas zurück. Dabei wurde ihre Leichtigkeit in den letzten Wochen auf eine harte Probe gestellt: Die Sommerferien sind auch für meine Tochter viel zu schnell vergangen. Fliegende Zeit. Ein kleiner Vorgeschmack? Im Gegenteil: »Papa, wie lange ist es noch bis zu meinem Geburtstag?« ●

Frank Werner ist Chefredakteur beim Magazin ZEIT GESCHICHTE. **125**

Bei der Sache bleiben

Meine Tochter ist erst 3 Jahre alt, aber schon jetzt kann sie sehr viele Dinge, die mir imponieren. Zum Beispiel geht sie derart schnell in den herabschauenden Hund (»Guck mal, Yoga!«), dass ich als langjährig Praktizierende vor Ehrfurcht ganz steif werde. Oder sie hat jetzt schon einen sehr feinen Sinn für politischen Humor: »Papa, wenn du mal groß bist, kannst du auch ein Mädchen sein!«

Was mich aber am meisten beeindruckt ist eine Eigenschaft, die mir und vielen Erwachsenen, wie ich finde, mit der Zeit irgendwie abhandenkommt: Nur die eine Sache zu machen und ganz bei dieser Sache zu bleiben. Wenn meine Tochter malen will, dann malt sie. Aber mit einer Inbrunst, dass ein Stift nicht ausreicht. Es müssen manchmal drei in einer Hand sein. Und dann wird gemalt, dass die Farbe durch drei Schichten Papier geht.

Wenn sie Bücher gucken möchte, werden Bücher geguckt - nichts anderes. Sie lässt sich nicht ablenken und bleibt dabei, auch eine Zeit lang bei einer Art von Büchern. Manchmal habe ich das Gefühl, sie arbeitet sie durch und speichert alles ab. Sie verliert sich richtig darin.

Und wenn sie etwas Süßes darf, dann konzentriert sie sich voll und ganz auf diesen einen Lolli oder dieses eine Schokoladenhäschen. Sie setzt sich hin, ganz in Ruhe, öffnet das Papier, egal, wie lange es dauert. Und lutscht und genießt, dass es eine Freude ist, sie dabei zu beobachten. Erst wenn sie damit fertig ist, wendet sie sich der nächsten Sache zu. Okay, sie ist 3: sie macht das zumindest sehr oft so. Lolli schlägt Malen und kann im Nu von den Büchern ablenken.

Aber nur diese eine Sache machen - ich möchte das auch können und versuche diese Konzentration in meinen Alltag zu integrieren. Besonders in meinen Arbeitsalltag. Zum Beispiel habe ich mein Telefon so einge-

stellt, dass ich keine Textnachrichten mehr auf das Display bekomme (okay, nur noch Eilmeldungen), die mich zwingen, gleich nachzuschauen. Na ja, eigentlich zwingen sie mich ja auch nicht - ich entscheide ja selbst, das, was ich gerade mache, zu unterbrechen. Will ich dann zurückkehren, weiß ich manchmal nicht mehr, was ich davor gemacht habe.

Einfach mal im Hier und Jetzt bleiben. Die Ordnung im Kopf behalten. Wenn man einen Schritt nach dem anderen tut, stolpert man auch seltener. ●

Özlem Topçu ist Redakteurin im Ressort Politik, DIE ZEIT. **127**

Über Sex reden

Ich kann hier keinesfalls über Sex reden. Kind Eins, in seiner Pubertät schon etwas fortgeschritten, rollt dann mit den Augen und hält sich beide Ohren zu. Ich muss unweigerlich über Sex reden: Bei kaum einem Thema sperrt Kind Zwei, in die Pubertät noch nicht ganz eingetreten, seine Ohren weiter auf. Oder fragt gleich ganz direkt, mit keck gespielter Ahnungslosigkeit: »Mama, warum habt ihr denn die Kondome im Schlafzimmer wieder weggeräumt?«

Wir, natürlich, würden von uns aus nie über Sex reden vor den Kindern. Dachten wir. Wir sind schließlich die Eltern. Seit sich aber alle in unserer Familie irgendwie mit dem Thema befassen - jedenfalls verlässt keiner den Küchentisch, wenn die Rede darauf kommt, sind wir uns gar nicht mehr so sicher, ob wir die Eltern sind. Biologisch gesehen natürlich schon.

Aber uns ist nicht immer ganz klar, als wer wir eigentlich über das Eine sprechen. Klar ist bloß, wer wir nicht sein wollen: Wir sind nicht die Freunde, mit denen man tuscheln kann über den Jungen, der neulich auf dem iPad eine garantiert nicht jugendfreie Verballhornung von Harry Potter geschaut hat. Wir wollen nicht die Lehrer sein, die über Sex reden müssen, weil der Lehrplan es vorsieht - und bei denen es dann auch so klingt.

Am ehesten noch wollen wir die Werte eines verantwortungsbewussten, rücksichtsvollen, einfühlsamen, freudvollen Geschlechterverhältnisses unter der Bettdecke hochhalten - doch ehrlich gesagt: Ist Sex wirklich

so? Was bedeutet ficken? Was ist eine Nutte? Ist es peinlich, Sex zu haben? Drei Einträge sind das aus dem wohl besten, jedenfalls lässigsten
und lustigsten Ratgeber, den man sich für diese Fragen wünschen kann:
Klär mich auf - 101 echte Kinderfragen rund um ein aufregendes Thema.

Und so rüsten wir Eltern uns abends im Schein der Nachttischlampe
für die tägliche Gefahr der überfallartigen Konfrontation mit dem Thema
(Kind Zwei liebt das Überraschungsmoment):

»Kann man beim Sex sterben?«

»Man kann: an Herzinfarkt - kommt aber echt selten vor.«

»Ist Sex witzig?«

»Ja, wenn zum Beispiel einer pupsen muss.«

»Ist Sex so wichtig?«

»Tja ... das fragst du besser Mama.«

Keine Ahnung, was unsere Kinder mitnehmen aus den nächsten Zu-
sammentreffen am Abendbrottisch. Wir Alten aber, so viel kann ich ver-
raten, reden jetzt viel freier über diese Angelegenheit. ●

Patrik Schwarz ist geschäftsführender Redakteur, DIE ZEIT.

Größer denken

Thomas Kerstan

Größer denken

Nie werde ich vergessen, wie unser ältester Sohn – damals noch im Kindergartenalter – am Frühstückstisch sagte: »Ich möchte wissen, wie die ganze Welt funktioniert.« Kinder überraschen einen ja regelmäßig mit süßen, witzigen, etwas verrutschten Äußerungen. Meist tut man sie leicht ab. Kurz geschmunzelt und weiter gehts. So hätte ich auch reagieren können. Aber auf mich wirkte der Satz wie ein Weckruf: Stell beim Nachdenken über die Welt wieder die großen Fragen!

Sei mal wieder maßlos! Als Erwachsener neigt man ja dazu, sich im Klein-Klein des Alltags zu verheddern. Man lernt beim Älterwerden zwar immer mehr von der Welt kennen: die Schönheit von Musikstücken, das Wunder des Lebens, den Reiz anderer Länder und den Lauf der Planeten. Aber man lernt auch, dass die Welt viel komplizierter ist, als man sie sich als Kind vorgestellt hat. Außerdem fehlt einfach die Zeit, über Gott und die Welt nachzudenken. Der Beruf will gemeistert werden, und die Familie fordert ihr Recht. Auf welche Schule sollen die Kinder gehen? Wie wollen wir wohnen? Wohin fahren wir in Urlaub? Solche Fragen beherrschen den Alltag.

Kinder sind da beneidenswert unbeschwert. Für sie geht es sorglos ums Ganze. Nicht »Ich will hier raus!« sagte unser jüngster Sohn, als es ihm in seinem Kinderstuhl zu langweilig wurde, sondern: »Ich will die Welt sehen!« Inzwischen zum Teenager geworden, überraschte er mich kürzlich mit der Frage, wozu wir eigentlich einen Staat brauchen, die Menschen könnten doch alles selber regeln. Für mich ist die Sache klar: Ohne Staat würden wir uns über kurz oder lang die Köpfe einschlagen. Wir brauchen Gesetze, Parlamente, Polizisten und Richter, um uns vor uns selber zu schützen. Mit einem Mal aber schien mir das gar nicht mehr so selbstverständlich. Ist eine friedliche Gesellschaft ohne Staat wirklich utopisch? Wie sind Staaten eigentlich entstanden? Gab es Alternativen dazu? Ich fand mich auf Wikipedia wieder, wo ich Artikel zum Thema las. Auch in den Texten von klassischen Philosophen begann ich zu stöbern.

Genau deshalb sind die Fragen unserer Kinder so erfrischend: Sie regen dazu an, das Gewohnte infrage zu stellen und über das Selbstverständliche noch einmal neu nachzudenken. ●

Zur Löwenmutter werden

Das Erlebnis ist so lange her, dass die Einzelheiten im Gedächtnis schon verblasst sind. Aber es muss zwei, drei Tage nach der Geburt meines ersten Kindes gewesen sein, und ich lag noch auf der Wochenstation. Damals war es üblich, dass die Säuglingsschwestern die Babys am Morgen aus den Zimmern abholten und in ihren Bettchen ins große Kinderzimmer rollten. Dort wickelten sie die Neugeborenen eins nach dem anderen, prüften, ob alles in Ordnung war und brachten sie anschließend den Müttern zum Trinken zurück.

An diesem Morgen hatte ich offenbar das Abholen meines kleinen Sohnes verschlafen: Ich wachte auf und war allein im Zimmer. Sollte ich die Zeit bis zum Stillen noch schnell zum Duschen nutzen? Aber vielleicht waren die Schwestern ja bald schon fertig mit dem Waschen und Wickeln? Im Bademantel und in Hausschuhen ging ich über den Flur um nachzusehen. Noch ein paar Türen vom Säuglingszimmer entfernt hörte ich ein Baby laut schreien, es klang sehr dringend. War das etwa mein Sohn? Schrie er schon vor Hunger? War das nicht genau sein verzweifeltes Weinen? Er brauchte mich, ganz klar ... Schnell wollte ich hinein, ihm zu Hilfe kommen – und prallte heftig zurück: Die Tür war abgeschlossen!

Was dann geschah, daran erinnere ich mich mit großer Klarheit und einer emotionalen Wucht, dass mir bis heute das Blut in den Kopf steigt, wenn ich daran denke. Wütend und völlig außer mir schlug ich mit der Faust gegen die verschlossene Tür: Was fiel denen ein, mich von meinem Kind fernzuhalten? Es schrie laut, und ich konnte nicht zu ihm, weil irgendeine Idiotin es gewagt hatte, den Schlüssel herumzudrehen, um ungestört zu sein! Was machten die da drinnen mit meinem Baby? Sofort! Sofort wollte ich zu ihm und es trösten.

Es kann keine halbe Minute gedauert haben, bis die Tür von innen geöffnet wurde und eine erstaunte Schwester im Türrahmen stand. Wortlos schob ich sie zur Seite und stürmte nach hinten zu den Babybetten. Da lag mein kleiner Sohn - friedlich schlafend in seinem gelben Frotteestrampler und hatte von all dem gar nichts mitbekommen. Das verzweifelt weinende Baby war ein kleines Mädchen, das offenbar gerade die erste Impfung über sich ergehen lassen musste.

Was ich gelernt habe? Dass es in mir Gefühle gibt, die ich in dieser Unbedingtheit niemals zuvor erfahren und die ich mir absolut nicht zugetraut hätte. Einem kleinen Wesen, drei Tage auf der Welt, war es gelungen, mir das beizubringen. ●

Dass kleine Brüder wirklich nerven

Ich bin Einzelkind. Und erinnere mich noch gut daran, wie ich früher auf meine Freundinnen mit Geschwistern blickte. Sie hatten immer jemanden zum Spielen, die Eltern schimpften nicht nur mit ihnen, sie konnten sich gemeinsam gegen die Erwachsenen verbünden und - aus unerfindlichen Gründen war das das Wichtigste - sie waren hinten im Auto nie alleine.

Und trotzdem jammerten sie. Darüber, wie nervig doch Geschwister seien, vor allem kleine Brüder. Es klang, als würden sie sie wegzaubern wollen, ungeschehen machen, bloß, um ihre Ruhe zu haben. Doch das Gejammer hatte immer auch diesen Unterton, der vermittelte, dass sie trotzdem nie tauschen wollen würden. Am Ende liebten sie ihre Brüder nämlich doch. Ihre Klagen waren deshalb für mich nur Pseudo-Beschwerden, ähnlich denen, die Jahre später über Zahnspangen ertönten, die angeblich niemand haben wollte, die sich insgeheim aber doch alle wünschten, weil sie irgendwie für Reife und Großwerden standen.

Nun habe ich selbst eine Tochter und einen kleinen Sohn. Meine Tochter hat erlebt, wie es war, kurz Einzelkind zu sein und dann einen Babybruder zu bekommen, den alle süß fanden und der jetzt, als knapp Dreijähriger, an ihren Fersen klebt und alles nachplappert. Wenn sie Durst hat, will er auch etwas trinken, wenn sie jubelt, jubelt er auch und wenn sie allein sein will, lässt er es nicht zu. »Ich auch!« ruft er, egal, worum es geht. Schon als Säugling himmelte er seine Schwester an und schaute sich alles von ihr ab.

»Er bewundert dich«, versuchen wir Erwachsenen, wenn sie genervt ist, zu beschwichtigen, es müsse doch toll sein, einen größten Fan zu haben? Sie sieht das nicht so. Wie oft hat sie versucht, Türen zu schließen, um Ruhe zu haben, wie oft ist sie aufs Hochbett geklettert, mit Malbuch, Puzzle und Kuscheltieren, weil es der einzige Ort war, den

Nina Pauer

der Kleine nicht erreichen konnte. Seit er klettern kann, ist auch dieses Refugium zerstört.

Ein Bruder ist eine Zumutung, das weiß ich jetzt tatsächlich. Erstaunt stehe ich vor dem Ausmaß an Belagerung, den man als Schwester täglich erdulden muss, aber auch vor der Freude, zu zweit zu sein. Der Beziehung, die ich früher nie verstanden habe, kann ich jetzt beim Entstehen zuschauen und einsehen, dass meine Freundinnen damals nicht gelogen haben: Es ist wirklich ein endloses Hin und Her mit kleinen Geschwistern. Erst der größte Streit, dann überschwängliche Gute-Nacht-Küsse und danach alles wieder von vorn. Ein Rätsel, nicht nur für alle die danebenstehen - sondern sogar für die kleinen Beteiligten selbst. ●

Nina Pauer ist Redakteurin im Ressort Feuilleton, DIE ZEIT.   **137**

Kreatives Chaos

Kann schon sein, dass ich etwas seltsam bin. Mein Schreibtisch ist meistens leer, nur so kann ich eine neue Aufgabe beginnen. Stifte und Recherchematerial sind am richtigen Ort, auch der Bildschirm ist aufgeräumt. Erst dann beginne ich mich auszubreiten: Kopien und Zeitungsausrisse hier, den Notizblock dort, die offene Datei auf dem Bildschirm. Je mehr sich das Chaos lichtet, desto fortgeschrittener ist die Lösung der Aufgabe. Am Ende sind im Idealfall alle Spuren von Arbeit wieder beseitigt und der Artikel ist in der Druckerei.

Zu Hause sieht es ähnlich aus. Hemden und Anzüge hängen nach Farben sortiert im Kleiderschrank, die Kniestrümpfe und Socken liegen nach Längen und Einsatzzeit (Sommer, Winter) geordnet in der Schublade. Ich könnte in der Morgendämmerung blind zugreifen und wäre dennoch stilsicher angezogen.

Über die Anordnung der Bücher in meine Regalen muss ich hier nichts weiter ausführen. Nur so viel: Sie hat System.

Dann trat meine Frau in mein Leben. Mit ihr absolvierte ich ein erstes Training in Unordnungstoleranz. Eigentlich ist meine Frau gar nicht unordentlich. Sie lässt nur manchmal etwas liegen: Schal und Handschuhe auf dem Sofa. Oder die beim Nachhausekommen abgestreiften Schuhe vor dem Lesesessel.

Andreas Sentker

Nichts im Vergleich zu dem, was mich nach der Geburt meiner Tochter erwartete. Da war zunächst die Überraschung, wie viel Kram ein solcher Winzling braucht, dann die Erkenntnis, in welchen Ecken sich leergetrunkene Milchflachen oder ausgespuckte Schnuller verbergen können. Schließlich die empirische Untersuchung, in welchen Zustand größtmöglicher Unordnung sich Bauklötze oder Legosteine bringen lassen. Der Naturwissenschaftler in mir weiß, dass alle Systeme einem Zustand größtmöglicher Unordnung zustreben, das nennen wir Entropie. Ein Kennzeichen von Leben ist, dass es dieser Entropie gewissermaßen entgegenwirkt. Meine Tochter scheint davon allerdings nie gehört zu haben.

Von ihr habe ich gelernt, dass Chaos auch kreativ machen kann. Das fröhliche Durcheinander von Bastelmaterialien, Kleber, Scheren und Stiften in den Fächern und Schubladen meiner Tochter hat schon zu den tollsten Ergebnissen geführt. Sie kann Dinge zusammendenken, die vorher niemals zusammengedacht worden sind. Sie liest problemlos drei Bücher parallel zu den Facebook-Posts ihrer Freundinnen. Ich scheitere manchmal schon an meinen E-Mails.

Aber kürzlich kam sie voller Stolz zu mir. Sie hatte aufgeräumt. Und sie fand die Ordnung schön. Ich glaube, wir beginnen jetzt voneinander zu lernen. ●

Andreas Sentker ist geschäftsführender Redakteur und Leiter im Ressort Wissen, DIE ZEIT.

Durchhalten

Jeannette Otto

Durchhalten

»Wann sind wir da?« Es war doch erst gestern, dass mich diese Frage traf, beim Autofahren, Spazierengehen oder auf der Bergtour. Jahrelang gab es keine Alternative zum Durchhalten. Wie sonst hätte ich mit zwei kleinen Kindern je ankommen sollen? Egal, wie verschwitzt, hungrig oder müde ich war - für meine Töchter war ich ein nicht aufzuhaltendes Energiebündel, das immer noch ein Gummibärchen aus der Tasche zog, ein Lied anstimmte, ein Versprechen gab: Oben auf der Hütte - Nudelsuppe, Zitronenlimo, Eis!

Dass wir irgendwann die Rollen getauscht haben, merkte ich im Frühling auf dem Fahrrad. Tag drei einer Familientour, 180 Kilometer in den Beinen, 80 waren noch übrig. Meine jüngere Tochter, 13, Fußballspielerin, fuhr vorneweg. Sie war schnell - zu schnell für mich. Sie schwitzte nicht, ihre Haare klebten nicht, ihre Waden schmerzten nicht. An der Stadtgrenze von Hamburg schrie ich gegen den Wind das Unmögliche hinaus: »Können wir nicht die S-Bahn nehmen?« Meine Tochter bremste hart. Entsetzter, enttäuschter, wütender Blick: Wir hatten doch gesagt, wir fahren bis vor die Haustür! Hatten wir. Aber ich konnte nicht mehr. Es regnete, ich tropfte, fluchte, ließ mich zurückfallen. Irgendwo da vorne sah ich noch die roten Punkte der Radtaschen, mit denen mir der Rest meiner Familie davonfuhr. Dann kam meine Tochter zurück zu mir, sagte: »Toll, Mami!«, legte ihre Hand auf meinen Rücken, schob mich vorwärts und fragte, was wir singen wollen. Singen? Okay, das hatte sie sich also gemerkt. Wir sangen »When We Were Young« von Adele. Irgendwann waren wir da.

Nach dieser Tour nahm ich mir vor, wieder die Durchhalterin zu werden, die ich mal war. Doch auf einer Hüttenwanderung in den Alpen, die uns ein paar Monate später auf fast 3000 Meter Höhe durch knietiefen

Schnee führte, verlor ich irgendwo im eisigen Nebel die Motivation. Aber ich fluchte wirklich nur ein bisschen, während ich an meinem Proteinriegel nagte und mein Kind mit den anderen aus der Gruppe den Weg suchte. Als es danach zu mir kam und fragte: »Essen wir Nudelsuppe, wenn wir in der Hütte sind?«, nickte ich verlegen und dachte: Ist eigentlich egal, wer wen aufbaut - Hauptsache, wir kommen immer wieder gemeinsam an. ●

Grenzen erkennen

»Sorry, ich schaffe es heute leider nicht«, antworte ich einer Freundin, als sie mich fragt, ob ich am Abend mit ihr etwas trinken gehen möchte. Dass ich eine Verabredung mit meinem Sofa habe, verschweige ich ihr. Seit meine Tochter auf der Welt ist, bin ich manchmal ganz schön kaputt.

Die 24 Stunden eines Tages waren eigentlich schon vor ihrer Geburt gut ausgeschöpft: eine gut eingespielte Mischung aus Schlafen, Arbeiten, Vergnügen und Verpflichtungen. Dann kam meine Tochter, und erst einmal war ich einfach rund um die Uhr damit ausgefüllt, sie kennenzulernen. Nach ein paar Tagen fehlte allerdings der Schlaf, nach ein paar Wochen das Vergnügen, und dann fing die unaufgeräumte Wohnung an, mich zu nerven.

So konnte es nicht weitergehen! Also riss ich mich zusammen und versuchte, alles, was ich bisher gemacht hatte, wieder in meinen Tag zu stopfen. Zu den Treffen mit meinen Freundinnen nahm ich meine Tochter einfach mit. Das war in den ersten Monaten einfach, später jedoch konnte ich mich weder ganz auf meine Freunde noch auf meine Tochter konzentrieren. Bis heute weiß ich nicht, wie eine meiner Freundinnen die Eltern ihres neuen Partners kennengelernt hat - während sie davon erzählte,

war ich voll und ganz damit beschäftigt, mein schlafendes Kind aus der Trage in den Kinderwagen zu bugsieren.

Wenn mein Freund mit unserer Tochter unterwegs war, versuchte ich, in anderthalb Stunden so viel wie möglich zu erledigen: Esstisch leer-, Spülmaschine ein-, Wäsche wegräumen, dabei mit meiner Schwester telefonieren und bei Vinted neue Hosen kaufen. Zwischendurch legte mich ins Bett und versuchte, mich zum Schlafen zu zwingen. Natürlich funktionierte das überhaupt nicht.

Schon vor der Geburt meiner Tochter bin ich gelegentlich an meine Grenzen gelangt. Heute begegnen diese Grenzen mir noch häufiger - und ich bin froh darüber, dass ich sie bewusster wahrnehme. Ich gehe jetzt anders mit meiner Zeit um und überlege mir, was ich in meinen freien Stunden wirklich machen möchte.

Und wenn ich doch wieder in alte Muster verfalle, ist auf meine Tochter Verlass. Neulich, beim Ausräumen der Spülmaschine, hielt sie mir plötzlich die Hände hin, zog sich hoch und fing zum ersten Mal an, einen Schritt vor den anderen zu setzen. Die Spülmaschine war abends immer noch voll. ●

Laura Oelker ist stellvertretende Leiterin Editorial SEO, ZEIT ONLINE.

Radikalität

Was ich früh beobachtet und bald bewundert habe, ist die Radikalität meiner Tochter. Nein, sie zündet keine Autos an, stürzt sich auch nur äußerst selten in nicht zu kontrollierende Risiken. Im Gegenteil: Schon als sie ganz klein war, beobachtete sie immer erst genau, was die anderen Kinder machten. Dann aber traf sie in Ruhe ihre eigene Entscheidung. Und bei der blieb sie.

Das ging schon los mit der Kitareise, da war sie 3. Ganze drei Tage würde sie ohne Mama und Papa sein. Meine Tochter schaute gebannt auf die anderen, teilweise weinenden Kinder und die gewollt fröhlichen Erzieherinnen, die einen schnellen Aufbruch durchsetzen wollten. Dann stapfte sie ohne Abschied los, auf die Erzieherinnen zu, an ihnen vorbei, Richtung Zug. Mit zusammengekniffenen Lippen, aber ohne eine Träne zu vergießen.

Sie schaute sich auch das Rosa an, das alle Mädchen irgendwann trugen. Sie probierte rosa Rüschen, Hello Kitty und Lillyfee, entschied sich dann aber für Orange. Bis sie etwa 12 war, trug sie fast ausschließlich orangefarbene Hosen, Kleider und T-Shirts.

Radikal war sie dann als Jugendliche auch in der Liebe. Warten, bis der Junge den ersten Schritt macht, erst mal herumdrucksen, die Uninteressierte spielen? Das war nichts für sie. Ähnlich lief es mit der Politik. Die Grünen sind okay für sie, machen aber viel zu viele Kompromisse. Fridays for Future? Ja, sinnvoll. Aber das reicht nicht, der Kapitalismus muss weg, das Patriarchat auch. Inzwischen liest sie Marx, kauft nur noch Second Hand und lackiert ihrem Freund die Nägel.

Diese Radikalität studiere ich nun schon seit 18 Jahren intensiv und überlege, ob das was für mich ist. Selbst radikale Entscheidungen zu treffen erscheint mir aber immer schwerer. Eher spinne ich Für und Wider immer weiter und lasse schließlich beides nebeneinander stehen, um seufzend zu sagen: Es ist halt komplex. Ich tröste mich mit abgedroschenen Phrasen: Radikal denken ist halt das Vorrecht der Jugend. Oder ich schneide mir die Haare kurz - aber auch nur so halb kurz. Vielleicht fange ich nicht gleich damit an, die Welt zu verändern. Sondern trage mal statt Schwarz und Dunkelblau etwas Grelles. Orange vielleicht? ●

Parvin Sadigh ist Redakteurin im Ressort Politik, Wirtschaft und Gesellschaft, ZEIT ONLINE.

Was automatisch bedeutet

Seit einiger Zeit öffnen die Türen der S-Bahn automatisch. Das ist gut, es verhindert die Übertragung von Viren, weil nicht mehr Tausende Menschen täglich ein und denselben Knopf berühren müssen. Fast fragt man sich, wozu jemals jemand überhaupt diesen Knopf drücken musste, wenn es doch auch so geht.

Mein Kind findet diesen Vorgang gleichermaßen faszinierend wie traurig. Es hat den Türöffner gern gedrückt. Das Strahlen in seinen Augen wenn die grünen LEDs signalisieren, dass der Knopf nun aktiv ist und gedrückt werden will, fehlt. Die Psychologie spricht in diesem Fall von Selbstwirksamkeit, man kann auch Kribbeln dazu sagen.

Dafür weiß das Kind jetzt - weil es in der Ansage über Lautsprecher an jeder Haltestelle wiederholt wird -, was »automatisch« bedeutet: Die Türen öffnen, ohne dass ein Knopf gedrückt werden muss (dass selbstverständlich noch immer jemand einen Knopf drückt, der nun alle anderen Knöpfe überflüssig macht, habe ich bisher für mich behalten. Ich denke, das ist okay und wird unserer Beziehung keinen bleibenden Schaden zufügen, sollte das Kind eines Tages davon erfahren).

Seither hat die Automatik auch bei uns zu Hause Einzug gehalten. Fällt etwas runter, geschieht das nur noch selbsttätig. Wenn der mit Reis und Soße voll bepackte Löffel mit voller Wucht auf den Boden gepfef-

fert wird, sagt das Kind: »automatisch«. Und selbstverständlich ist auch der Sand nicht aufgrund niederer Beweggründe von der Schippe in die Haare des anderen Kindes geflogen, sondern irgendwie von ganz allein. Nun bin ich unentschieden, ob der nächste Schritt unserer Erziehung das Schulterzucken sein sollte oder die Abgrenzung der Konzepte Versehen und Absicht.

Doch wie das so ist in der Erziehung: Macht man sich zu viele Gedanken, wirds kompliziert. Ob nämlich etwas aus Versehen geschieht oder mit Absicht, das lässt sich in vielen Fällen gar nicht so genau sagen. Es gibt die vermeintlich leicht zu klärenden Vorfälle, die sich als schwer zu beurteilen entpuppen, denkt man erst mal darüber nach. Wenn ein Kind ein anderes haut beispielsweise: Was, wenn das Kind es nun mal nicht anders gelernt hat, sind nicht alle mal in dieser Phase? Eh man sich versieht, wird aus der Absicht ein Versehen. Wie soll ein Kind das verstehen? Und da ist noch nicht einmal jemand, der den einen Knopf drückt anstelle aller Knöpfe. Oder doch?

Was mein Kind hier gerade entdeckt, nennt die Theologie Prädestination. Darüber hat sich schon Luther den Kopf zerbrochen. Wie gesagt, wer einmal nachdenkt bei der Erziehung ... Dann doch lieber einfach geschehen lassen. ●

Hannes Leitlein ist Redakteur im Ressort Politik, Wirtschaft und Gesellschaft, ZEIT ONLINE.

Disziplin

Ich habe drei Kinder, eine 7-jährige Tochter und knapp 5-jährige Zwillinge. Sie haben mich in den vergangenen Jahren ganz gehörig erzogen. Ich weiß ja, es sollte genau andersherum sein. Aber mindestens so stark wie ich sie disziplinieren sie mich. Dabei sind meine Kinder oft gar nicht in der Nähe - aber eben immer in meinem Kopf.

Die erste Disziplinierung ist die zeitliche: Während ich als Brüssel-Korrespondent jede Pressekonferenz mitnehmen konnte, überlege ich mir heute dreimal, ob die VW-Golf-Vorstellung in Wolfsburg wirklich nötig ist oder ob ich nicht besser zu Hause aufgehoben bin. Ich schreibe deshalb nicht weniger, aber ich verpulvere weniger Energie. Ich habe gelernt, Wichtiges von Unwichtigem zu trennen. Es geht gar nicht anders. Wenn ich abends heimkomme, freut sich meine Frau über die Ablösung. Und wer drei Kinder ins Bett gebracht hat, von denen jedes etwas anderes vorgelesen bekommen will, setzt sich danach nicht mehr hinter den Laptop. Die Erzählungen der Kollegen von durchgeschriebenen Nächten sind für mich Geschichten aus einer anderen Zeit. Wenn ich am Montag meinen Laptop aufklappe, sind da höchstens die PDF-Dateien von alten Klötzchen-Bausätzen zu sehen.

E-Mails im Urlaub zu lesen kann ich inzwischen auch vergessen. Das führt nur dazu, dass ich beim Puzzeln nicht bei der Sache bin und meine Kinder sich zu Recht über meine geistige Abwesenheit beschweren. Letzten Sommer habe ich deshalb meinen Account auf dem Smartphone deaktiviert. Als ich ihn wieder öffnete, zeigte sich: Ich hatte nichts Dringendes verpasst.

Schlechte Laune macht die zweite Disziplinierung, denn sie betrifft das Essen. Früher habe ich mich beim Bäcker selten zwischen Mandelhörnchen und Apfelkuchen entschieden - ich habe einfach beides gekauft.

Damit aber ist nun Schluss. Während die Kinder nur ein Stück Kuchen dürfen, kann ich mir schlecht zwei genehmigen, da hätte ich ein schlechtes Gewissen. Dass ich trotzdem nicht schlanker werde, liegt wohl am Dienstag. An diesem Tag bleibe ich lange im Büro - bis in die Nacht hinein produzieren wir die neue Ausgabe der ZEIT. Damit wir wach bleiben, stehen ab dem Nachmittag Haribo-, Katjes- und Kekstüten bereit. Da greife ich dann immer selig zu. Es guckt mir ja keiner auf die Finger. ●

Claas Tatje ist Redakteur im Ressort Wirtschaft, DIE ZEIT.

Gesünder essen

Matthias Krupa

Gesünder essen

Unsere Tochter war 10, als sie von einem auf den anderen Tag beschloss, kein Fleisch mehr zu essen. Am Anfang dachten wir, das sei eine fixe Idee. Etwas, das vorübergeht, wie eine Krankheit. Auch wir Erwachsenen nehmen uns ja manchmal vor, keinen Alkohol mehr zu trinken. Und dann, nach einer Woche, machen wir doch wieder eine Flasche Wein auf. Aber unsere Tochter ist bei ihrer Entscheidung geblieben. Bis heute, und heute ist sie erwachsen.

Anfangs haben wir versucht, mit ihr zu verhandeln. »Wir können ja weniger Fleisch essen«, haben wir gesagt, »aber am Wochenende machen wir Lasagne mit Hackfleisch, die magst du doch so gerne.« Doch unsere Tochter blieb stur. »Warum müssen die Schweine sterben?«, fragte sie uns. »Und warum werden die Hühner so schlecht behandelt?« Wir hatten darauf keine gute Antwort. Es kam noch schlimmer. Unsere Tochter begann, am Esstisch vorzulesen, welche Inhaltsstoffe im Joghurt sind. Im Quark, im Käse, in den Gummibärchen. War Gelatine drin oder tierisches Lab, weigerte sie sich, den Joghurt oder die Gummibärchen zu essen. Gelatine und Lab sorgen dafür, dass Speisen dicker, also stabiler werden. Gelatine wird meist aus Tierknochen gewonnen, Lab aus Kuhmägen. Aus Kuhmägen! Heimlich fingen wir an, beim Einkaufen das Kleingedruckte zu lesen.

Dabei machten wir interessante Entdeckungen: Wie viele Geschmacksverstärker im Ketchup sind! Und wie viele künstliche Zusatzstoffe in der Pizza! Die Etiketten auf den Lebensmittelverpackungen wurden für uns zu einer spannenden Lektüre. Und zum Anlass ständiger Diskussionen: Kaufen wir lieber diesen oder jenen Joghurt? Welcher Saft ist der gesündeste?

In der Zwischenzeit organisierte sich unsere Tochter Verstärkung: Ihr Bruder hörte ebenfalls auf, Fleisch zu essen. Meine Frau kapitulierte und schloss sich ihnen an. Damit waren die Mehrheitsverhältnisse in der Familie gekippt. Nach und nach verschwanden Speck, Schweinefilet und Frikadellen aus unserer Küche. Ich esse zwar noch immer gerne eine Wurst oder ein Gulasch, aber nur noch selten zu Hause.

Eine Bedingung haben wir unseren Kindern allerdings gestellt: Wenn wir auf Fleisch verzichten, muss mehr Gemüse gegessen werden. Immer nur Nudeln sind ja auch nicht gesund. Also gibt es bei uns jetzt Lasagne mit Spinat, Süßkartoffeltarte oder Linsensuppe mit Curry. Ohne unsere Kinder hätten wir das nicht probiert. •

Matthias Krupa ist Redakteur im Ressort Politik, DIE ZEIT.   **155**

Was Recht und was Unrecht ist

Mein großer Sohn, er ist 3, hat einen Werkzeugkasten. Manchmal bearbeitet er mit seiner Spielzeugsäge die Holzstücke, die wir ihm extra zum Sägen gegeben haben. Noch lieber aber sägt er an dem Sessel herum, auf dem gerade einer von uns sitzt. Er hat auch einen Hammer, mit dem er vorzüglich dicke Plastiknägel in eine eigens dafür gefertigte Werkbank dreschen könnte. Aber er haut meistens lieber auf den Tisch. Wir sagen dann, dass er nicht mit dem Hammer auf den Tisch hauen soll, weil das viel zu laut ist und der Hammer nicht zum Krach machen, sondern zum Werken gedacht ist. Aber irgendwie spornt ihn das meistens nur noch mehr an.

Die letzte Auseinandersetzung über zu lautes auf den Tisch, auf den Boden oder sonst wohin Hämmern lag schon eine Weile hinter uns, als ich neulich abends mit meinem Sohn ein Buch las. Seit ein paar Monaten ist er großer Bruder, seitdem liest er am liebsten wieder Babybücher. Solche, in denen zum Beispiel Bären verschiedene Berufe haben und ich ihm erklären muss, was die Bären den ganzen Tag so machen. Mein Sohn fragte also: »Mama, was macht der Bär da?« - »Das ist ein Richter«, sagte ich, »wenn jemand etwas Dummes gemacht hat, zum Beispiel ein Dieb, der etwas geklaut hat, dann entscheidet der Richter, ob der Dieb ins Gefängnis kommt oder nicht.« - »Und warum hat der einen Hammer?«, fragte mein Sohn? - »Wenn der Richter sich entschieden hat, klopft er einmal kurz mit dem Hammer auf den Tisch und dann gilt das, was er sagt. Dazu sagt man, dass der Richter ein Urteil gesprochen hat«, antwortete ich.

»Aber das darf man nicht!«, befand mein Sohn. Ich brauchte eine Weile, bis ich verstand, worauf er hinauswollte: »Was darf man nicht?« - »Man darf nicht mit dem Hammer auf den Tisch hauen«, sagte mein Sohn. Wo er Recht hat, hat er Recht. Und auch wenn er die ganze Tragweite sei-

ner Feststellung wohl noch nicht erfasst hat - dass ausgerechnet Richter tagtäglich geltendes Recht brechen -, hat mir die Episode etwas Fundamentales vor Augen geführt: Wie willkürlich Regeln sind und dass meistens Macht dazugehört, sie durchzusetzen. Wenn mein Sohn das nächste Mal laut hämmert, soll das sein gutes Recht sein. Wozu ist der Hammer schließlich da? ●

Judith Scholter ist Redakteurin beim Magazin ZEIT GESCHICHTE.

Die Kindheit schätzen

Kinder glauben, das Leben müsse von Tag zu Tag schöner und abenteuerlicher werden, während Eltern und Lehrer leider dafür sorgen, dass es von Tag zu Tag eintöniger und grauer wird. Kinder erinnern einen ständig an die eigene Kindheit, diesen Kontinent verschütteter Hoffnungen. Waren nicht alle kindlichen Rebellionen, mit denen man sich heute, da man selbst Elternteil geworden ist, herumschlagen muss, einmal die eigenen? Erziehung - gleichgültig, wie liberal man sie anlegt - bedeutet immer, genau das zu tun, was man als Kind gehasst hat.

Es ist ein Rollenwechsel, der an Verrat grenzt, Verrat an der eigenen Biografie, dem eigenen Gefühlshaushalt. Dies wird der Grund dafür sein, warum sich so viele Eltern gegen ihre Erinnerungen abschotten und tun,

als hätten sie niemals etwas anderes ersehnt, als in Verboten zu baden und mit haltlosen Zukunftsversprechungen zu duschen. »Wenn du jetzt mal aufräumst, wirst du dich auch besser fühlen, mit den Schulaufgaben besser zurechtkommen, überhaupt besser durchs Leben kommen.«

Kinder wollen aber nicht irgendwann einmal besser durchs Leben kommen, wenn sie es dafür jetzt schlecht haben. Sie ahnen, dass der Glücksaufschub niemals ein Ende finden wird. Wenn du erst mal im Gymnasium bist, das Abitur hast, mit dem Studium fertig sein wirst, einen Beruf gefunden hast - ja, was dann? »Dann bin ich tot«, hat mir einmal eine Nichte geantwortet. Und so ist es ja auch. Das in der Kindheit verweigerte Glück kommt niemals, und schon gar nicht prächtig vermehrt und verzinst, zurück.

Wenn Kinder fragen, ob ihre Eltern gerne Hausaufgaben gemacht hätten, müsste die ehrliche Antwort lauten: »Ich habe es genauso gehasst wie du. Nur heute weiß ich, dass man darüber hinweggehen muss, wenn man nicht riesige Schwierigkeiten mit Schule/Staat/Gesellschaft kriegen will.«

Wenn sie spielen, führen Kinder mich dagegen noch einmal zurück in jenen Raum, in dem die Fantasie alles vermag und die Gesellschaft nichts. Der Möglichkeitssinn, mit Robert Musil gesagt, triumphiert dort noch mühelos über den Wirklichkeitssinn. Die Welt ist plastisch, der Wille allmächtig und das Leben so farbig wie später nur noch in der Literatur. ●

Impressum

Magazinkolumne aus ZEIT LEO, FAMILIENZEIT: »Vom Kind gelernt«
© Zeitverlag Gerd Bucerius GmbH & Co. KG
Buchausgabe:
© Duden 2021   D C B A
Bibliographisches Institut GmbH,
Mecklenburgische Straße 53, 14197 Berlin

Redaktionelle Leitung Susanne Klar
Lektorat und Vorwort Inge Kutter
Herstellung Alfred Trinnes
Layout und Satz Veronika Neubauer
Bildredaktion Tanja Laböck
Illustrationen © Laura Junger
Illustrationen Seiten 7, 11, 43, 75, 111 Veronika Neubauer
Umschlaggestaltung sauerhöfer design, Neustadt
Umschlagabbildung © Laura Junger
Druck und Bindung Neografia a. s., Martin-Priekopa

Printed in Slovakia

ISBN 978-3-411-74935-5
www.duden.de